कमलेश्वर कोई सूफ़ी सन्त तो नहीं थे, लेकिन इलाहाबाद से बम्बई की लम्बी यात्रा के चढ़ाव ने उन्हें चेहरों से दिलों को पढ़ने की दृष्टि ज़रूर दी थी। उन्हें अपनी भूख के साथ मेरी और सुरेन्द्र प्रकाश की ख़ाली पेटों की भी ख़बर थी।

•••••

दुख में नीर बहा देते थे सुख में हँसने लगते थे
सीधे-सादे लोग थे लेकिन कितने अच्छे लगते थे।

यह उन दिनों का ग्वालियर था, जब मैंने इसे छोड़ा था। अब वहाँ भी रास्तों में भीड़ की रेलपेल ने नयी-नयी कालोनियों में बने फ़्लैटों से दालान और आँगन छीन लिए हैं।

•••••

फ़िराक़ साहब सिर्फ़ शाइर नहीं थे, अपने के बड़े आलोचक भी, क्लासिकी शाइरों पर उनके लेख, साहित्य को नये सिरे से पढ़ने और समझने की कामयाब कोशिशें मानी जाती हैं। उनके ज़हन को कई भाषाओं की रौशनियों ने रौशन किया था। इनमें हिन्दी, उर्दू, फ़ारसी, संस्कृत के साथ अंग्रेज़ी का भी नाम है। वह महात्मा गाँधी, पण्डित नेहरू, अबुल कलाम आज़ाद, मौलाना हसरत मोहानी, महाकवि निराला, डॉ. राधाकृष्णन आदि के युग की एक बड़ी शख़्सियत थे। कुदरत की इस मेहरबानी का उन्हें अहसास भी था।

**(संकलित लेखों से)**

# रौशनी के फूल

## निदा फ़ाज़ली

संकलन व सम्पादन
**मालती जोशी फ़ाज़ली**

वाणी प्रकाशन

प्रकाशन के उत्कृष्टतम 61 वर्ष

vaniprakashan.com

सजिल्द पहला संस्करण : 2023
सजिल्द दूसरा संस्करण : 2024

वाणी प्रकाशन

*4695, 21-ए, दरियागंज, नयी दिल्ली-110 002*

*फ़ोन : + 91 11 23273167, 23275710*

**शाखाएँ**

*अशोक राजपथ, पटना-800 004, बिहार*

*कॉफ़ी हाउस कैम्पस, महात्मा गांधी मार्ग, प्रयागराज-211 001, उत्तर प्रदेश*

*महात्मा गांधी अन्तरराष्ट्रीय हिन्दी विश्वविद्यालय, वर्धा-442 001, महाराष्ट्र*

sales@vaniprakashan.in
vaniprakashan@gmail.com

Raushni ke phool
*by* Nida Fazli
*Compiled & Edited by* Malti Joshi Fazli

ISBN : 978-81-19014-66-8
Memoirs/Essay



मूल्य : ₹ 399



*आर. टेक ऑफ़सेट प्रिंटर्स, दिल्ली-110032 में मुद्रित*

*वाणी प्रकाशन का लोगो मक़बूल फ़िदा हुसेन की कूची से*

*जिसे देखते ही ख़ुमारी लगे*
*उसे उम्र सारी हमारी लगे*

प्यारी बेटी
तहरीर के लिए

# आभार

*नेहा शरद*
*प्रदीप निफाडकर*
*हरि मृदुल*
*हसन काज़मी*

# भूमिका

*एक मुसाफ़िर के सफ़र जैसी है सबकी दुनिया*
*कोई जल्दी में कोई देर में जाने वाला*

**निदा फ़ाज़ली**

'कोई जल्दी में कोई देर में जाने वाला' कहने वाले जनाब निदा फ़ाज़ली बहुत जल्दी इस दुनिया से रुख़सत हो गये। फिलॉसफ़ी उनकी शाइरी का अहम हिस्सा है। उनकी इस किताब के बारे में कुछ बातें आपसे साझा करना चाहती हूँ।

निदा जी ने इस संग्रह में छोटे-छोटे आर्टिकल्स लिखे हैं, जो अदब से ताल्लुक रखते हैं। साहित्य की बड़ी-बड़ी हस्तियों पर लेख लिखे हैं इसमें। जिसके भी बारे में लिखा है, उनकी पूरी ज़िन्दगी को बहुत ही सुन्दरता से लाकर खड़ा कर दिया है। जो ख़ूबसूरती उनकी शाइरी में और कविता में झलकती है, वही ख़ूबसूरती की ख़ुशबू इन लेखों में भी नज़र आती है।

अब इस संग्रह के बारे में बात करते हैं। सबसे पहले ये किताब प्रकाशित करने का ख़याल कैसे आया, यहाँ से शुरू करती हूँ। निदा साहब के अचानक चले जाने से उनका बहुत सारा काम अधूरा रह गया। कुछ शाइरी का, कुछ फ़िल्मों का, कुछ इस तरह के लेखों का। एक दिन मैं उनके काग़ज़ात ठीक कर रही थी, तब मेरे हाथ कुछ आर्टिकल्स लिखे हुए मिले। मैंने उन्हें पढ़ा। अलग-अलग मौजूं पे लिखे हुए थे। ये क्यों लिखे गये थे, किसके लिए लिखे गये थे, कुछ लिखा नहीं था, ऊपरी हिस्से में बहुत छोटा-सा लिखा हुआ था—मेल किया निफाडकर को। ऊपर ई-मेल भी लिखा हुआ था।

मैंने निदा जी के मोबाइल से निफाडकर जी को फ़ोन किया और उनसे बात की। वो पूना में रहते हैं। उन्होंने बताया कि ये आर्टिकल्स वो किसी अख़बार के लिए लिखते थे, और मुझे भी भेजते थे। मैं उसका मराठी रूपान्तर करके यहाँ के किसी न्यूज़ पेपर में भेजता था।

मेरे पास जो पेज थे उनमें कुछ मिसिंग थे। मैंने निफाडकर जी को बताया, उन्होंने अपने मेल में देखकर ठीक करने में मेरी हेल्प की, जिसके लिए उन्हें मुम्बई आना पड़ा। प्रदीप निफाडकर मराठी के जाने-माने कवि और लेखक हैं। उन्होंने मदद की, इसके लिए मैं उनकी शुक्रगुज़ार हूँ। और इस तरह से यह पाण्डुलिपि तैयार हो गयी।

अब उनके नेचर के बारे में और उनकी शख़्सियत के बारे में कुछ बातें आपसे साझा करना चाहती हूँ। सबसे पहले उनके नेचर के बारे में बात करें। उनके सम्पर्क में आने वाले सब जानते हैं कि वो बहुत ही सरल स्वभाव के थे। उनका नेचर बहुत ही अच्छा था और सबसे अलग था। बच्चे जैसा मासूम मन था। भरोसा करते थे तो पूरा करते थे। घर के कारोबार में कभी दख़ल नहीं देते थे। वर्सोवा में हमारा घर है। एक कमरे में उनकी लायब्रेरी बनी हुई है। यहाँ बैठकर वो लिखते थे। उनको दुनियादारी से कोई लेना-देना नहीं था। अवार्ड फंक्शन में नॉमिनेशन होने पर भी कभी नहीं जाते थे। उनकी ट्रॉफी दूसरे लोग लेकर आते थे। पार्टी में कभी नहीं जाते थे। किसी के यहाँ शादी-ब्याह में जाना पसन्द नहीं करते थे।

जब हम खार में अमर अपार्टमेंट में रहते थे, घर में देर रात तक दोस्तों के साथ पार्टी करते थे और सबको अपने हाथों से खिचड़ी बनाकर खिलाते थे। ऐन्जॉय करने का उनका अपना तरीक़ा अलग था। एक जनाब साबिर दत्त थे। फ़न और शख़्सियत मैगज़ीन निकाल रहे थे। शौक़िया ग़ज़लें लिखते थे। एक कमल शुक्ल थे, जो पेशे से इंटीरियर डिजाइनर थे। वो भी शौक़िया कविता लिखते थे। इनकी कविताएँ और ग़ज़लें मुझसे कम्पोज़ करवाते थे। उनमें करेक्शन करवाते थे। ये उनका टाइमपास था।

एक सुरेन्द्र प्रकाश उर्दू के मशहूर राइटर थे। वो भी बहुत क़रीबी दोस्तों में थे। ये सब इस दुनिया से जल्दी रुख़्सत हो गये। इन सबके अलावा उनकी घर की महफ़िल में शरीक होने वाले कुछ दोस्तों में हरीश

पाठक, धीरेन्द्र अस्थाना, संजय मासूम, शकील आज़मी, पूरन पंकज, हरि मृदुल वग़ैरह शामिल थे। जब दोस्तों की बात चली है, तो ये तीन दोस्त कहें या छोटे भाई, नाज़िम नक़वी, हसन काज़मी और अतुल गंगवार, निदा साब इन्हें बहुत प्यार करते थे और सिंगरों में चन्दन दास, तलत अज़ीज़, घनश्याम वासवानी, अल्हाद कासीकर और सबसे अज़ीज़ जगजीत सिंह थे, जो महफ़िल जमा देते थे।

फिर हम खार से वर्सोवा शिफ़्ट हो गये। उसके पहले बेटी तहरीर भी आ गयी। तहरीर के आने से फिर धीरे-धीरे माहौल बदलता गया। वो संजीदा होने लगे और काम भी बहुत मेहनत और लगन से करने लगे। उनकी प्रतिभा की तो मैं शुरू से ही कायल थी। भगवान से जो भी माँगा, उसने दिया। मुझे एक शाइर निदा फ़ाज़ली जिसका नाम भी मैं नहीं जानती थी, फिर भी उनकी शाइरी से प्रभावित थी। इस तरह से मेरे क़रीब लाकर रख दिया। मुझे समझ में ही नहीं आया। मेरी खुशी का ठिकाना नहीं रहा। हालाँकि वक़्त काफ़ी लगा। कहते हैं कि सब्र का फल मीठा होता है।

हमने साथ-साथ लम्बा सफ़र तय किया। हमने एक-दूसरे के साथ संसार के हर सुख-दुःख को पार किया। भगवान ने तहरीर जैसी प्यारी बेटी भी हमारी झोली में डाली और क्या चाहिए।

अब इस किताब के टाइटल के बारे में बात करते हैं। बहुत दिनों से टाइटल को लेकर परेशान थी। बहुत सारे टाइटल सोचे, लेकिन कुछ जम नहीं रहा था। एक दिन फिर से कुछ पेज यूँ ही देख रही थी कि उसमें से एक टाइटल मिल भी गया। जैसे निदा साब ने ही मेरी मदद की। वो टाइटल था—'रौशनी के फूल'।

उनके जाने के बाद यह उनकी पहली किताब है। उम्मीद है जिस प्यार से आपने निदा फ़ाज़ली को पढ़ा है, सराहा है, वैसे ही इसे स्वीकारेंगे।

आख़िर में उनका एक शेर—

*अपना ग़म लेके कहीं और न जाया जाये।*
*घर में बिखरी हुई चीज़ों को सजाया जाये।*

**—मालती जोशी फ़ाज़ली**

# अनुक्रम

# कबीर और मण्टो

अंग्रेज़ी भाषा में 18वीं सदी का काफ़ी महत्त्व है। इसी सदी की सातवीं दहाई 1770 विलियम वर्ड्सवर्थ के जन्म से जानी जाती है और इसके ठीक दो साल बाद यही सदी आठवीं दहाई में 1772 में कॉलरिज के नाम से पहचानी जाती है। दो साल की छोटाई-बड़ाई के बावजूद वे गहरे दोस्त थे। इन दोनों की दोस्ती ने इस दोस्ती को क़रीबी रिश्ते में ही तब्दील नहीं किया। अंग्रेज़ी काव्य साहित्य को एक ऐसा तोहफ़ा 'लिरिक बेलेड्स' के नाम से दिया, जो जाती हुई 18वीं सदी का कारनामा समझा जाता है। इनसाइक्लोपीडिया ब्रिटेनिका में इसे मिल्टन के बाद, अंग्रेज़ी-काव्य इतिहास की सबसे बड़ी इवेंट बताया गया है। कॉलरिज नशों के आदी होकर अपनी ज़हानत की हिफ़ाज़त नहीं कर पाये और वर्ड्सवर्थ से दो साल छोटे होते हुए उनसे 18 बरस पहले 1834 में रुख़्सत हो गये...। हर आदमी को अपने जीवन को बनाने या बिगाड़ने का इख़्तियार है, लेकिन मुझ जैसे पाठक को यह पूछने का ज़रूर अधिकार है, अगर वह समय से पहले न ही मरते तो अपने पाठकों पर और अहसान करते...शरीर में आत्मा का निवास होता है और आत्मा में परमात्मा का विश्वास होता है—शरीर की सुरक्षा आत्मा की सुरक्षा के समान है और आत्मा हर जीव में परमात्मा का वरदान होती है, इसी से आदमी इन्सान होता है। कॉलरिज ने आदमी से इन्सान बनने की यात्रा को तो पूरा किया, लेकिन जो काम उनके सुपुर्द था उसे अधूरा छोड़ दिया...सिकन्दर लोदी के शासन काल में जन्मे सन्त कबीर शरीर और इसमें आत्मा के निवास के रिश्ते से वाक़िफ़ थे, उन्होंने कहा है—

*इस घट अन्तर बाग़-बग़ीचे, इसी में सिरजन हारा*
*इस घट अन्तर सात समुन्दर, इसी में नौ लख तारा*

कबीर सं. 1455 में शरीर में जन्मे और इस शरीर को ज्यों की त्यों धर दीनी चदरिया के समान सं. 1551 में त्याग कर कबीर ग्रन्थावली बन गये... कहा जाता है वह उसी शरीर के माध्यम से ढाई अक्षर को नये-नये प्रकार से रौशन करते रहे। यही उनका नशा था जो दूर तक उनका साथ निभाता रहा, और विवादों में फँसे समाज को अपने युग में भी रौशनी दिखाता रहा और आज तक दिखा रहा है। कबीर मुल्लाओं और पण्डितों के संसार में इन्सान की तलाश का माध्यम थे। कबीर की एक ग़ज़ल का मतला है—

*हमन हैं इश्क़ मस्ताना, हमन को होशयारी क्या*
*रहे आज़ाद या जग में, हमन दुनिया से यारी क्या*

इसी छन्द में मैंने ग़ज़ल लिखी और छः सौ साल पहले के आईने में अपने आज को दर्शाया और पाया, कबीर जितने कल के थे, उतने ही आज के भी हैं। मेरे शेर हैं—

*यह दिल कुटिया है सन्तों की, यहाँ राजा-भिखारी क्या*
*वो हर दीदार में ज़रदार है, गोटा किनारी क्या*
*किसी घर के किसी बुझते हुए चूल्हे में ढूँढ़ उसको*
*जो चोटी और दाढ़ी तक रहे, वह दीनदारी क्या*

कबीर जिस प्रेम डगर की रौशनी थे, उसकी बन्दगी करने वालों में एक साथ कई साहित्यकारों के नाम ज़ेहन में आते हैं। लेकिन इनमें कबीर की भाँति जो फक्कड़ और अक्खड़ नज़र आता है, उसे सआदत हसन मण्टो कहा जाता है। कबीर ने जिस क्रोध और बोध को पदों में सुनाया, उसी समझ बूझ के प्रकाश में मण्टो ने अपनी क़लम का जादू चलाया। वह राजेन्द्र सिंह बेदी, कृष्ण चन्दर और इस्मत चुग़ताई के साथ के कथाकार थे, लेकिन वह तीनों के साथ होते हुए अपने मिज़ाज और अन्दाज़ के अलग फनकार थे। वह देश विभाजन के विरोध में भी थे और इस तमाशे में इन्सान के हैवान बन जाने के क्रोध में भी थे...उन्होंने बहुत-सी छोटी-छोटी कहानियाँ

भी लिखी हैं। उनमें से एक कहानी का शीर्षक 'मूत्री' है। विभाजन से पहले विभाजन के लिए ज़मीन हमवार की जा रही थी, और सोची-समझी साज़िश के अनुसार हिन्दू को ज़्यादा हिन्दू और मुसलमान को ज़्यादा मुसलमान बनाया जा रहा था। धर्म के नाम पर एक-दूसरे के बीच नफ़रत फैलाई जा रही थी...नेताओं की तक़रीरें अपना रंग दिखा रही थीं और इनके ख़िलाफ़ मण्टो की कहानियाँ चीख़ चिल्ला रही थीं। मण्टो की यह कहानी नगर के पेशाबघर से शुरू होती है। पहले एक हिन्दू अपनी ज़रूरत निबटाने इसमें जाता है और ज़रूरत पूरी करते हुए ताक़ में रखे एक कोयले से सामने की दीवार पर लिखता है मुसलमानों की माँ की...लिखने वाले ने वाक्य के अन्त में 'की' के बाद कई बिन्दियाँ लगाकर ख़ाली जगह छोड़ दी थी। हिन्दू के बाद जो मुसलमान पेशाब की ज़रूरत से अन्दर जाता है, वह इस ख़ाली जगह को अपने ख्याल से भरता है और गुस्से में उसी कोयले से बराबर में लिख देता है...हिन्दुओं की माँ की...इस छोटी-सी कहानी का आख़िरी किरदार स्वयं कथाकार मण्टो था...मण्टो अन्दर जाते हैं और पढ़ते हैं...मुसलमानों की माँ की...फिर हिन्दुओं की माँ की...मण्टो थोड़ा सोचते हैं और उसी कोयले से दोनों अधूरे वाक्यों के नीचे लिखते हैं—दोनों की माँ की...हैवान की हैवानियत के ख़िलाफ़ गुस्से और इन्सान की इन्सानियत के प्यार का यह कथाकार, इस संसार में 1912 में ज़ाहिर हुआ और 1955 की एक रात को हमेशा के लिए ग़ायब हो गया। मण्टो को शराब की आदत उन्हीं दिनों से थी जब वह बम्बई में थे, और सुरैया और भारत भूषण के किरदारों के साथ सोहराब मोदी की फ़िल्म मिर्ज़ा ग़ालिब बन रही थी। राजेन्द्र सिंह बेदी के साथ मण्टो भी इस फ़िल्म से लेखक के रूप में जुड़े थे। शराब की बलानोशी ने उन्हें भी उम्र की सिर्फ़ 43 मोमबत्तियाँ ही जलाने की इजाज़त दी, और इस फैलते अँधेरे में मेरे पढ़ने वाली बहुत सी ठण्डा गोश्त, टोबा टेक सिंह, काली शलवार, मोजील, खोल दो आदि जैसी कहानियाँ बनते-बनते कहीं खो गयीं। मण्टो ने अपनी ज़िन्दगी अपनी तरह जी थी लेकिन मुझे शिकायत है कि उसने मेरे अध्ययन से वह बहुत कुछ छीन लिया, जो एक पाठक के रूप में मेरा उस पर क़र्ज़ था।

मण्टो की कम उम्र मौत से पहले शराब ने मेरा एक और बड़ा नुक़सान वह किया, जो अख़्तर शीरानी की बेवक़्त मौत थी। अख़्तर राजस्थान के एक शहर टोंक में 1905 में पैदा हुए और शराब के तेज़ाब से जिस्म को ख़राब करके, आज़ादी के एक साल बाद 1948 में गुज़र गये। अख़्तर शीरानी भी कबीर की तरह मुहब्बत के शब्दकार थे। फ़र्क़ सिर्फ़ इतना है, कबीर प्रेम को धार्मिक विवाद ख़त्म करने के लिए गाते थे और अख़्तर इसकी रौशनी से अपनी तन्हाइयाँ सजाते थे। उनका यह सजाव ज़िन्दगी से लगाव पैदा करता था...उनके बाद आने वाले बड़े शाइर वह फ़ैज़ हों या जाँ निसार हों, नूम मीम राशिद हों या मजाज़ लखनवी हों, सबकी शाइरी के पहले सफ़र में अख़्तर शीरानी की रूमानी कविताएँ हमसफ़र रही हैं। अख़्तर अपने दौर के लोकप्रिय शाइर थे। मेरे कॉलेज के दिनों में हर लड़की सलमा या रीहा (अख़्तर की कविताओं के पात्र) और लड़का अख़्तर की तरह आशिक़ मिज़ाज नज़र आता था–

*दो दिन में आह क्या से क्या हो गयी है सूरत*
*अल्लाह तेरी कुदरत, सलमा से दिल लगाकर*
*बस्ती की लड़कियों में बदनाम हो रहा हूँ।*

अख़्तर और मण्टो के साथ, शराब के नाम एक और अदबी दुर्घटना जुड़ी है, इसका नाम मजाज़ लखनवी था। फ़िल्मी गीतकार जावेद अख़्तर की माँ सफिया अख़्तर के भाई, मजाज़ प्रगतिशील साहित्यकारों में बहुत लोकप्रिय शाइर थे। वह अपने जीवन में ही देखने-दिखाने और सुनने-सुनाने की शख़्सियत बन गये थे। उनके बारे में मशहूर कथाकार इस्मत चुग़ताई ने लिखा था। मजाज़ जब अलीगढ़ में पढ़ते थे, तो उन दिनों कॉलेज की लड़कियाँ, यह सोचकर उनका नाम तकिये के नीचे रख के सोती थीं कि देखें सुबह मजाज़ किसका होता है–लेकिन मजाज़ शराब के अलावा अन्त तक किसी के नहीं हुए और 1911 में यूपी के एक छोटे नगर रूदौली में पैदा होकर, 1955 में लखनऊ के एक शराबखाने में रूख़्सत हो गये। मजाज़ के बारे में आलोचकों का ख़याल है, अगर वह 44 वर्ष में नहीं जाते तो आवारा, नन्ही पुजारिन जैसी और कई नज़्मों से साहित्य को अमीर बना जाते...मजाज़ ने भी मुझसे अच्छी शाइरी का बड़ा सरमाया छीना है।

# डॉ. इक़बाल, जावेद शेख़ और पाकिस्तान

मैं अपनी लाइब्रेरी में जिगर से मुज़्तर और मुज़्तर से दाग़ से मिलने-जुलने में व्यस्त था, कि अचानक टेलीफ़ोन की घंटी ने मुझे उन्नीसवीं सदी से बीसवीं सदी की आख़िरी दहाई की चौखट पर खड़ा कर दिया। टेलीफ़ोन से आवाज़ आ रही थी– निदा फ़ाज़ली साहब मैं जावेद शेख़ हूँ, पाकिस्तान से आया हूँ, एक फ़िल्म 'यह दिल आपका हुआ' के नाम से बना रहा हूँ, आपसे गीत लिखवाना चाहता हूँ। जावेद शेख़ पाकिस्तान की फ़िल्मों और सीरियलों का लोकप्रिय नाम है। भारत में उनकी पहचान का एक हवाला, जो मेरे ज़हन में था वह सलमा आग़ा से उनके रिश्ते का भी था, जो बाद में ख़त्म हो गया था। फ़िल्म निकाह में, सलमा आग़ा के अभिनय और ख़ासतौर पर एक गीत ने काफ़ी शोहरत पायी। गीत के बोल थे...दिल के अरमां आँसुओं में बह गये। फ़िल्म निकाह के बाद उनके अभिनय और गायन से ज़्यादा उनकी शादियों की ख़बरें सुनाई दीं। जावेद शेख़ से मेरी मुलाक़ात जुहू में पाँच सितारा होलीडे इन में हुई। उनके साथ पाकिस्तान की फ़िल्मों के जाने-माने संगीतकार अमजद बॉबी भी थे। अमजद बॉबी पाकिस्तान में मेरे भाई तस्लीम फ़ाज़ली के साथ काम कर चुके थे। यहाँ मेरे साथ काम करने की ख़ुशी उन्होंने ज़ाहिर की। मैंने फ़िल्म की कहानी सुनी, कहानी मुझे अच्छी लगी। कहानी पसन्द आने के बाद पैसों के लेन-देन की बात हुई। वह पाकिस्तान के बजट के हिसाब से देना चाहते थे, मैं हिन्दुस्तान के बाज़ार के लिहाज़ से लेना चाहता था। आख़िरकार थोड़ा वह बढ़े, थोड़ा मैं पीछे हटा और फिर काम शुरू हो गया। इस फ़िल्म में सात गीत थे। इन सारे गानों को, पाकिस्तानी धुनों पर, हिन्दुस्तान की प्लेबैक आवाज़ों में, बम्बई के स्टूडियोज़ में रेकार्ड किया गया। फ़िल्म जावेद शेख़ के निर्देशन

में बहुत सफल साबित हुई। पाकिस्तान के प्रेसिडेंट मुशर्रफ़ ने ख़ास तौर से कॉपी मँगाकर, अपने परिवार के साथ इसे देखा। लेकिन जब अपने घर में मैंने इसकी सीडी देखी, तो फ़िल्म में न मेरा नाम था न किसी पार्श्व गायक का। इस बार काम के साथ नाम न होने की वजह राजनीति थी। दोनों मुल्कों के सम्बन्ध अच्छे नहीं थे। बाद में जब जॉर्ज बुश की मेहरबानी से दोनों तरफ़ से दोस्ती के हाथ बढ़े तो, फ़िल्म को जो पुरस्कार दिये गये उनमें एक मेरे नाम की भी ट्रॉफी थी। मैंने न मुज़्तर की शिकायत की थी, न जावेद शेख़ ने दाग़ की तरह कोई सफ़ाई दी थी। मैंने किसी एलबम में लिखा था–

*हर फ़ासिला झूठा है, हर दूरी सियासत है*
*ये दुनिया जहाँ तक है इन्साँ की विरासत है*

क़ायदे के मुताबिक़, जब फ़िल्म कामयाब होती है, तो फ़िल्म से सम्बन्धित पूरी टीम को दोहराया जाता है। जावेद शेख़ ने, अपनी दूसरी निर्माणाधीन फ़िल्म 'खुले आसमान के नीचे' में गीत लिखने के लिए मुझे इस बार लाहौर बुलाया। मैंने दो-तीन दिन में सारे गीत पूरे कर दिये और फिर एक दिन दोस्तों के साथ शहर का वह हिस्सा देखने गया, जहाँ बाबा नानक के ननखाना साहब से थोड़ी दूर पर डॉक्टर इक़बाल की मज़ार है। इक़बाल को भले ही देश विभाजन के बानियों में शुमार किया जाये, लेकिन यह एक हक़ीक़त है उनकी शाइरी, ग़ालिब, मिल्टन, कबीर, टैगोर आदि की तरह किसी सीमा की बन्दी नहीं है। उनका गीत 'सारे जहाँ से अच्छा हिन्दोस्ताँ हमारा' आज भी भारत में हर जगह सुना जाता है और उनकी काव्य व्यापकता का ध्वज लहराता है। उनकी मज़ार में जब दाख़िल हुआ, तो वहाँ एक बुर्क़ा पोश स्त्री हाथ फैलाये दुआ माँग रही थी। या इक़बाल शेख़ मेरी ख़ाली गोद भर दो। उसकी दुआ सुनकर मुझे लगा जैसे सियासत ने फ़िल्म से मेरा नाम निकाल दिया था, इस स्त्री की अक़ीदत इक़बाल को उन्हें पीर बना रही है। दो साल पहले की बात है। मैं वर्सोवा स्थित अपनी लाइब्रेरी में जिगर मुरादाबादी के संग्रह आतिशे गुल में एक ग़ज़ल पढ़ रहा था–

*वह कब के आये भी और गये भी नज़र में अब तक समा रहे हैं*
*यह चल रहे हैं, वह फिर रहे हैं, यह आ रहे हैं वह जा रहे हैं*

और सोच रहा था, इस ग़ज़ल में फ़िल्म में इस्तेमाल होने वाली फ़्लेश बैक की तकनीक का किस ख़ूबसूरती से प्रयोग की गई है। अतीत को वर्तमान में देखने की इस फ़िल्मी तकनीक का सेहरा, शाइर, आलोचक सरदार जाफ़री ने, साहिर लुधियानवी की एक लम्बी कविता 'परछाइयाँ' की भूमिका में साहिर के सर बाँधा था। उन्हें इस सन्दर्भ में जिगर क्यों याद नहीं आये, यह एक ऐसा प्रश्न है जो हर युग में हर भाषा की आलोचना के माथे पर लगा नज़र आता है। किसी का काम किसी के नाम कर देना, पुराना चलन है, फ़िल्म इंडस्ट्री में यह अक्सर होता है। फ़िल्म 'दीदार' में एक गीत में मुहम्मद रफ़ी की आवाज़ है। गीत के बोल हैं–'हुए हम जिसके लिए बर्बाद, वह हमको चाहे करें न याद'–जीवन भर इस गीत में, जो शकील बदायूँनी के नाम से फ़िल्म में है, इसमें शुरू में एक शेर भी है–

*असीरे पंज-ए-एहदे शबाब करके मुझे*
*कहाँ गया मेरा बचपन ख़राब करके मुझे*

यह शेर मुज़्तर ख़ैराबादी का है, जो मशहूर शाइर/गीतकार जाँ निसार अख़्तर के पिता थे। लेकिन इस शेर को भी, गीत के साथ शकील के नाम से जाना जाता है। इसलिए, कि शकील फ़िल्मों के लिए लिखते थे और मुज़्तर अपने दूसरे समकालीनों की तरह सिर्फ़ काग़ज़ तक सीमित थे। काग़ज़ पर छपी किताब पाँच सौ या हज़ार की संख्या में प्रकाशित होती है, और फ़िल्म एक होते हुए भी, पूरे संसार में घूमती फिरती है। मुज़्तर एक ऐसे शाइर हैं जिनकी ग़ज़लों का कोई संकलन नहीं छपा, इसके बावजूद उनके शेर कई लोगों की ज़ुबान पर मुहाविरों की तरह रहते हैं। उनके ऐसे ही दो शेर, सिन्धिया के ग्वालियर से उड़कर 19वीं सदी के आख़िर में वहाँ पहुँच गये जहाँ उस ज़माने में दाग़ देहलवी, नवाब हैदराबाद के उस्ताद की हैसियत से रहते हैं। उन्होंने जब ये शेर–

*इलाजे दर्दे दिल तुमसे मसीहा हो नहीं सकता*
*तुम अच्छा कर नहीं सकते मैं अच्छा हो नहीं सकता*
*तुम्हें चाहूँ, तुम्हारे चाहने वालों को भी चाहूँ*
*मिरा दिल फेर दो मुझसे यह सौदा हो नहीं सकता*

सुने तो इन गुमनाम शेरों की सरल सहज भाषा और शोख़ी देखकर उन्हें, इन शेरों पर अपने होने का शक हुआ और उन्होंने इन शेरों में पाँच-सात और शेर जोड़कर अपनी ग़ज़ल बना ली। दाग़ की शोहरत उन दिनों आसमान को छू रही थी। तवाइफ़ों के कोठों से क़व्वालियों की महफ़िलों में उन्हीं की ग़ज़लों की हुक्मरानी थी। मुज़्तर को जब ऐसी किसी महफ़िल में इसका पता लगा तो निहायत अदब से उन्होंने दाग़ साहब को ख़त लिखा– चचा हुजूर (मुज़तर दाग़ के समकालीन अमीर मीनाई के शागिर्द थे, चचा इसीलिए लिखा) आपकी ग़ज़ल सुनी, बहुत अच्छी है, लेकिन इसे गुस्ताख़ी न समझें, तो मैं यह कहने की इजाज़त चाहूँगा कि इसमें पहले दो शेर मेरे कहे हुए हैं। दाग़ ने जवाब में लिखा–बरखुरदार, तुम्हारे शेर हमारी शाइरी के रंग में इतने रंगे हुए हैं कि हमें भी धोखा हो गया, तुम्हारे शेर तुम्हें मुबारक हम इन्हें ग़जल से निकाल देंगे।

# कमलेश्वर

कमलेश्वर जी मेरे दोस्त नहीं थे, लेकिन दोस्त जैसे थे। वह भाई नहीं थे, लेकिन भाई जैसे थे। वह सीनियर थे लेकिन हमसफ़र जैसे थे। जब मैं बम्बई में सन् 60-62 के दरमियान ग्वालियर से आया, उस समय की बम्बई आज की तरह ख़ाली-ख़ाली नहीं थी। हिन्दी-उर्दू साहित्यकारों से भरी-पूरी थी। धर्मवीर भारती थे, राजेन्द्र सिंह बेदी थे, इस्मत चुग़ताई थीं। अली सरदार जाफ़री थे। साहिर लुधियानवी इनके साथ और भी बहुत से थे। वह समय मेरे स्ट्रगल का था। जब ग्वालियर में घर से बेघर हो गया तो कई स्थानों से भटकता हुआ, बम्बई पहुँचा। बम्बई में मुझे घर से ज़्यादा रोटी की ज़रूरत थी। जिन हाथों में रोटी नज़र आती थी, मैं उधर मुड़ जाता था। ये हाथ कभी हिन्दी-उर्दू ब्लिट्ज में दिखाई देते थे। कभी टाइम्स ऑफ़ इंडिया में धर्मयुग में सम्पादकीय केबिन में होते थे, तो कभी उसी इमारत में सारिका के कार्यालय में चलते फिरते थे।

उन दिनों सुरेन्द्र प्रकाश भी दिल्ली से जमुना नदी का ख़त समुन्दर के नाम लेकर इधर-उधर भटक रहे थे। वह उर्दू के कथाकार थे और मेरी तरह बेकार थे। उनकी और मेरी बेकारी अक्सर एक जैसे ठिकानों पर आती-जाती थी। बार-बार की मुलाक़ातें कभी-कभी साथ-साथ चलकर भी रोटी की तलाश करती थीं। रोटी की इस मुसलसल तलाश ने सारे कुर्सीधारी साहित्यकारों को बदमआश बना दिया था। हमें लगता था उनका रहन-सहन, चाल-चलन सब धन फन है। सारे स्थापित साहित्यकार हमारी तीखी आलोचना के शिकार थे। इस आलोचना में नयी-नयी गालियाँ भी शामिल होती थीं। एक बार हम दोनों वी-टी (जो अब छत्रपति शिवाजी महाराज टर्मिनस है)

स्टेशन से बाहर निकलकर टाइम्स की बिल्डिंग की तरफ़ जा रहे थे। हम दोनों डिवाइडर पर खड़े ट्रैफ़िक के रुकने का इन्तज़ार कर रहे थे कि अचानक पूरी गाली को बीच में रोकते हुए सुरेन्द्र प्रकाश ने मेरी तरफ़ मुड़ते हुए कहा... देख हम जहाँ जा रहे हैं, वहाँ के हाथों में रोटियाँ हैं और हमारे मुँह में गालियाँ। कहीं ऐसा न हो, मुँह की गालियाँ चेहरों पर नज़र आने लगें और जिन्हें देखकर आती रोटियाँ दूर जाने लगें। बात माकूल थी। सुरेन्द्र के पास अपनी कहानी थी और मेरे बैग में कुछ कविताएँ और एक अरबी कहानी का अनुवाद था। टाइम्स ऑफ़ इंडिया की इमारत की तीसरी मंज़िल में हमारी ही मंज़िलें थीं। धर्मयुग में भारती जी की केबिन और सारिका के दफ़्तर में कमलेश्वर का कमरा। समय लंच का था। भारती जी अपनी केबिन में ही अपना लंच मँगवाते थे। लंच के बाद थोड़ा आराम फरमाते थे, उसके बाद अपने काम में लग जाते थे। भारती निर्धारित समय पर ही मिल पाते थे। हम 5-7 मिनट लेट हो गये थे इसलिए दूसरी ओर मुड़ गये। कमलेश्वर अपने कमरे से निकल ही रहे थे। भारती जी की तरह वह लंच अकेले नहीं खाते थे...हँसते-हँसाते, ठहाके लगाते सबके संग इसका आनन्द उठाते थे। इत्तफ़ाक़ से उनके बाहर निकलने और हमारे उनके सामने आने का समय एक ही था। हमें देखते ही आओ निदा भाई, सुरेन्द्र भाई के जुमलों से पहले हमारा स्वागत किया और फिर कन्धों पर हाथ रख दिया। (छोटा हो या बड़ा वह सबको 'भाई' ही कहते थे) और कहा...आओ कैंटीन चलते हैं वहीं बैठकर थोड़ा खायेंगे, थोड़ा बतियायेंगे...कमलेश्वर के शब्दों की अदायगी में उनकी आवाज़ के साथ उनकी आँखें भी शरीक रहती थीं...इस शिरकत में होंठों से बड़ी उनकी विशेष मुस्कान की आदत भी रहती थी। जो किसी भी अजनबियत को मानूसियत में बदल देती थी। उनके इसी अन्दाज़ में उनकी लोकप्रियता का राज़ भी पोशीदा था। कैंटीन में उस समय कन्हैयालाल नन्दन, रवीन्द्र कालिया, सुदीप के साथ और भी कई लोग खा-पी रहे थे। वहाँ पहुँचकर देखा, सिर्फ़ हमी नहीं, सब उनके भाई थे। सब दोस्त थे। सारे जूनियर उनके हमसफ़र थे...कमलेश्वर बड़े परिवार के आदमी थे...।

जिगर मुरादाबादी ने एक जगह लिखा है, अच्छा शाइर बनने के लिए अच्छा आदमी होना ज़रूरी है। इसी ज़रूरत को उन्होंने अपने आचरण में

ढाल लिया था। जिगर साहब की यही कसौटी कमलेश्वर जी की पहचान कराती है। कमलेश्वर कोई सूफ़ी सन्त तो नहीं थे, लेकिन इलाहाबाद से बम्बई की लम्बी यात्रा के चढ़ाव ने उन्हें चेहरों से दिलों को पढ़ने की दृष्टि ज़रूर दी थी। उन्हें अपनी भूख के साथ मेरी और सुरेन्द्र प्रकाश की ख़ाली पेटों की भी ख़बर थी। इसलिए उन्होंने एक साथ तीन प्लेट मँगवायीं, एक अपने लिए और दो हमारे लिए और फिर हमारी औपचारिकता को सहज करने के लिए मुस्कुराते हुए पूछा, निदा भाई कुछ सारिका के लिए भी लाये हो या ख़ाली हाथ आये हो...मैंने फ़ौरन बैग से एक अरबी कहानी का अनुवाद निकालकर उन्हें दिया...कमलेश्वर खाना छोड़कर कहानी को पढ़ने लगे और एक ही पैरा देखकर उसे स्वीकृत किया और हाथ का निवाला मुँह में रखते हुए बोले, निदा भाई तुमने कमाल कर दिया, हम तो समझते थे अरब में सिर्फ़ नमाज़ ही पढ़ी जाती है, वहाँ तो कहानी भी लिखी जाती है, और फिर मुस्कुराते हुए सुरेन्द्र की थाली से अचार को अँगुली से छूते हैं और कहते हैं...सुरेन्द्र भाई, निदा भाई ने तो अपना चमत्कार दिखा दिया, अब आप बतायें आपकी झोली में मीर के बहत्तर नश्तरों में से कौन-सा नश्तर छुपा है। फ्री के भोजन के साथ सुरेन्द्र की कहानी भी मिलने वाले चेक में परिवर्तित हो गयी। यह थे कमलेश्वर और उनका जादू। वह जैसा लिखते थे, वैसे दिखते भी थे...मैंने बहुत बाद में कबीर के छन्द में एक ग़ज़ल लिखी थी, उसके दो शेर यूँ हैं, इनमें कमलेश्वर की ऐसी ही यादें छिपी हैं—

*यह दिल कुटिया है सन्तों की, यहाँ राजा भिखारी क्या*
*वो हर दीदार में ज़रदार है, गोटा किनारी क्या*
*किसी घर के किसी बुझते हुए चूल्हे में ढूँढ़ उसको*
*जो चोटी और दाढ़ी तक रहे, वह दीनदारी क्या*

वह जब सारिका से फ़िल्म इंडस्ट्री में आये तो उनसे मुलाक़ातों की संख्या बढ़ने लगी। इंडस्ट्री में उन्होंने इश्क़ भी किया, शराब भी पी, महफ़िलों में शिरकत भी की...लेकिन उनके मिलने-जुलने के तरीक़ों और ठहाके लगाने के सलीक़ों में कोई फ़र्क़ नहीं महसूस हुआ। न उनका लिबास बदला और न इन्सानियत पर उनका वह विश्वास बदला जो 'कितने पाकिस्तान' के अहसास में शामिल है। कमलेश्वर ज़िन्दगी से भरे पूरे लेखक थे।

ज़िन्दगी को उनकी परिभाषा ने आदमी को उसकी इन्सानियत से जाना— किसी को उसकी भाषा, क्षेत्र या धर्म से नहीं पहचाना। उनकी ख़ुशियाँ भले ही सीमित हों लेकिन उनके दुख दूर-दूर तक फैले हुए समाज की भाँति असीमित थे...वह बड़े दुख के बड़े लेखक थे। वह बम्बई, दिल्ली या और कहीं, जहाँ भी मिले, उसी रूप में मिले जैसे वह सारिका के दफ़्तर की कैंटीन में मिले थे। उनसे आख़िरी मुलाक़ात दिल्ली में किसी गोष्ठी में हुई थी। मुझे जब शेर सुनाने के लिए बुलाया गया तो दूर से हाथ में रंगीन गिलास लिए, एक जानी-पहचानी आवाज़ ने मुझसे एक नज़्म सुनाने का अनुरोध किया। आवाज़ कमलेश्वर जी की थी और मेरी नज़्म उस समय की थी जब हिन्दो पाक में युद्ध हो रहा था और मेरी माँ कराची में बीमार थी। मुझे वीज़ा नहीं मिला और मैंने नज़्म कही थी—

*कराची एक माँ है*
*बम्बई बिछड़ा हुआ बेटा*
*यह रिश्ता प्यार का पाकीज़ा रिश्ता है*
*जिसे अब तक न कोई तोड़ पाया है*
*न कोई तोड़ सकता है*
*ग़लत है रेडियो, झूठी हैं सब अख़बार की ख़बरें*
*न मेरी माँ कभी तलवार ताने रण में आयी है*
*न मैंने अपनी माँ के सामने बन्दूक़ उठाई है*
*यह कैसा शोरो हंगामा है*
*ये किसकी लड़ाई है।*

# बाक़र मेंहदी

बम्बई आने से पहले मैं इस महानगर की सन् 60-62 की साहित्य पटकथा से परिचित था। हिन्दी में धर्मवीर भारती, मराठी में नारायण सुर्वे, उर्दू में साहिर लुधियानवी, गुजराती में सुरेश दलाल मेरे जाने-पहचाने नाम थे। इन नामों में एक नाम और भी था, उर्दू के आलोचक शाइर बाक़र मेहँदी। हिन्दी-उर्दू के दूसरे कवि/लेखकों की तरह वह भी अपने उन ख़्वाबों की हक़ीक़त तलाश करने यहाँ आये थे जो उन्होंने जवान आँखों की गहरी नींदों में देखे थे। मेरी एक ग़ज़ल का एक शेर है–

*मेज़ पर ताश के पत्तों सी सजी है दुनिया*
*कोई खोने के लिए है कोई पाने के लिए*

बाक़र मेहँदी को महानगर के जीवन-खेल में कभी अच्छे कार्ड हाथ नहीं लगे और वह मुसलसल हारते रहे। उनके दोस्तों में साहिर यहाँ आये–चन्द महीने कथाकार कृष्ण चन्दर के वर्सोवा स्थित बँगले के एक कोने में बने मुसाफ़िरखाने में (कृष्ण चन्दर के इस मुसाफ़िरख़ाने में साहिर के साथ मजाज़ लखनवी भी रहते थे। साहिर कृष्ण की कहानियों को फ़ेयर करने की मज़दूरी करते थे और मजाज़ इस मज़दूरी में उनके हिस्सेदार थे) गुलज़ार भी फ़िल्मों में गीतकार बन गये थे। मजरूह सुल्तानपुरी को एक मुशायरे में उन दिनों के फ़िल्म निर्माता कारदार ने सुना, और उन्हें भी गीतकार बना दिया। जाँ निसार अख़्तर को इन्दौर का एक पैसे वाला दोस्त टकरा गया और वह उसके धन से बहू बेगम नाम की फ़िल्म के निर्माता बन गये। बाक़र मेंहदी उम्र में भले ही दो-तीन साल कम हों मगर योग्यता, अध्ययन, चिन्तन और शिक्षा की दृष्टि से उन सबसे कई साल आगे थे।

वह उन साहित्यकारों में थे जो लिखने के लिए पढ़ना भी ज़रूरी समझते थे। वह जहाँ भी रहे फ़ारसी, उर्दू और अंग्रेज़ी के माध्यम से विश्व साहित्य की पुस्तकों के साथ रहे। मेरी पहली मुलाक़ात उनसे, जे. जे. हॉस्पिटल के पास उर्दू किताबों की एक दुकान 'मक्तबा जामेआ' में हुई थी। भरा हुआ बदन, आँखों पर चश्मा, हाथ में सुलगता पाइप, गोरा रंग...किताब पढ़ते-पढ़ते एक ज़ोर का पुरज़ोर क़हक़हा और इसके साथ किताब बन्द होकर वापस शेल्फ पर रख दी गयी और माचिस से पाइप को सुलगा दिया गया...पाइप का कश लेकर ख़ुद ही  बोलने लगे। दुनिया कहाँ से कहाँ पहुँच गयी। जर्मन में गुंटर ग्रास क्या लिख रहा है, फ़्रेंच में वाल्तेयर कैसे लिख रहा है, अंग्रेज़ी में आडिन स्पेंडर की सोच क्या है, रूस में सोल्ज़ेनित्सन का फ़िक्शन किस तरफ़ जा रहा है...बीच में ही बिना परिचय के उन्हें टोकते हुए मैंने पूछ लिया—और आप क्या लिख रहे हैं? एक अजनबी के सवाल पर वह चुप हुए, नाक से चश्मा ऊँचा किया, और पाइप के कश का ढेर सारा धुआँ छोड़ते हुए सवाल का जवाब देने के बजाय उल्टा सवाल किया। आपकी तारीफ़ (नाम)? मैंने कहा- निदा फ़ाज़ली...सुनकर उसी शोर भरा क़हक़हा लगाया जो पढ़ती हुई किताब को बन्द करके लगाया था। ग्वालियर से आये हो—कहते हुए मेरे घर का नाम मुक्तदा हसन बोला और फिर एक ज़ोर का क़हक़हा। मुझे बोलने की इजाज़त दिये बिना वह ख़ुद ही बोले जा रहे थे—जानते हो मुक्तदा हसन...वह सबको कभी उपनाम से नहीं पुकारते थे, हमेशा घर के नामों से पुकारते थे। साहिर को अब्दुल हई, कैफ़ी आज़मी को अतहर हुसैन और मजरूह सुल्तानपुरी को हकीम कहकर संबोधित करते थे।...

# इतिहास नाम की चीज़ : हर युग का सच्चा इतिहास

इतिहास एक विचित्र विषय है। पाठक जैसे उसे पढ़ता है, वह वैसा ही बन जाता है। वह कभी हँसाता है कभी रुलाता है। इतिहासकारों के भी अलग-अलग वर्ग होते हैं। कोई इसे धर्म या जाति का चश्मा पहनकर लिखता है और कोई क्षेत्रीयता के घेरे में रखकर इसको बयान करता है। राजनीति का भी इतिहास के पठन का अपना तरीक़ा है जो वोट-बैंक के निर्माण से जुड़ा होता है। अलग-अलग दृष्टिकोणों के बावजूद इसके अध्ययन के केन्द्र में राजा, महाराजा या बादशाह ही होते हैं। उन्हीं के नाम से मस्जिद ढहाई जाती है। उन्हीं के नाम पर साम्प्रदायिक विवाद की दीवार उठाई जाती है, उन्हीं के नामों को लेकर, हँसती गाती बस्तियों में आग लगाई जाती है। आजकल इतिहास से जुड़ाव का कम, अलगाव का काम ज़्यादा लिया जाता है। इतिहास अतीत का चित्रण दो तरह से करता है। एक में शासकों के अच्छे या बुरे चित्र नज़र आते हैं। किसी के हाथ में तलवार होती है, कोई हाथ में भाला लिए घोड़े पर सवार नज़र आता है, किसी के हुक्म से किसी के गले में फाँसी का फन्दा लगाया जाता है। इतिहास के दूसरे रूप में शासकों के स्थान पर प्रजा के दर्शन होते हैं। वह इतिहास, जिसमें किसी युग के आम आदमी के दीदार होते हैं, उसको लिखने वाले अक्सर कवि/शाइर, रंगकर्मी, संगीतकार, शिल्पकार आदि होते हैं। हर युग का सच्चा इतिहास इन्हीं कलाओं के पर्दों में छुपा होता है जिनको राजनीति उठाने में हमेशा कतराती है। अंग्रेज़ी की कहावत है–'चर्च सपोर्ट्स दा क्राउन' सिर्फ़ अंग्रेज़ी भाषी देशों पर ही लागू नहीं होता, हमारे देश में भी जब तक देवताओं के

सरों पर राजकीय मुकुट और शरीर पर सोने-चाँदी और क़ीमती जवाहिरात से नहीं जगमगाते, वे पूजनीय नहीं समझे जाते। मुसलमान बादशाहों के नामों के साथ ज़िल्ले इलाही (ख़ुदा का साया) की उपाधि जोड़ी जाती है। वे धरती पर ख़ुदा के प्रतिनिधि माने जाते हैं।

ईश्वर के इन प्रतिनिधियों से दूर होकर अगर बाबर के आक्रमण को नानक की बानियों में, अलाउद्दीन ख़िल्जी के शासन काल को सूफ़ी निज़ामुद्दीन के बोलों और ख़ुसरो की शाइरी में, सिकन्दर लोधी के दौर को कबीरदास की रचनाओं में, अब्दाली और दुर्रानी के हमलों को मीर की ग़ज़लों में, अकबर की हुकूमत को रहीम के दोहों में, औरंगज़ेब के पीरियड को वली की कविताओं में देखें तो इतिहास का वह रूप सामने आता है, जिसमें आम आदमी हर युग में शोषण का निशाना बनाया जाता है, उसी को मुर्ग़ों और बटेरों की तरह मैदानों में एक-दूसरे से लड़ाया जाता है...और महलों में ताजपोशी का जश्न मनाया जाता है। लेकिन हमारे देश में इतिहास के उसी चेहरे को बार-बार दिखाया जाता है, जो आसानी से हिन्दुत्व या इस्लाम का प्रतीक बना दिया जाता है...और इस तरह अतीत के गोदाम घरों से कंकालों को निकालकर प्रदर्शित किया जाता है और फिर इन्हें विवाद का मुद्दा बना दिया जाता है। कल के राजाओं और बादशाहों के नये अवतारों के रूप में आज विभिन्न पार्टियों के नेता नज़र आते हैं। इनके मोहरे भी सीधे-सादे आम आदमी ही हैं। लेकिन यह आदमी ही साहित्य और दूसरी कलाओं की प्रेरणा रहा है। राजनीति तोड़ती रहती है और कला इस 'तोड़' को जोड़ती रहती है। तोड़ में जोड़ के इसी सन्तुलन से कला आगे बढ़ती है। अंग्रेज़ी भाषा की कवयित्री एमिली डिकन्सन की कविता की पंक्तियाँ हैं—

*अगर मैं*

*संसार में एक दिल को भी टूटने से बचा सकूँ*
*तो मुझे लगेगा*
*मैंने जीवन को बेकार नहीं जिया*

*अगर मैं*
*किसी एक जीवन को प्यार दे पाऊँ*
*किसी एक दर्द को क़रार दे पाऊँ*

*या किसी एक पंछी को*
*उसके घोंसले में सँवार पाऊँ*
*तो मुझे लगेगा*
*मैंने जीवन बेकार नहीं जिया*

ज़िन्दगी से प्यार और जनसेवा के ख़ुमार से कलाओं का मैयार नापा जाता है। नोबेल पुरस्कार विजेता सीमस हीने को जब 1995 में विश्व साहित्य के सबसे बड़े पुरस्कार से पुरस्कृत किया गया था तो उसने अपने वक्तव्य में कहा था—कवि की सबसे बड़ी ज़िम्मेदारी उस सौन्दर्य की हिफाज़त करना है जिसे ज़ालिम राजनीति हर जगह मिटाने पर तुली हुई है।

इसी भेदभाव की राजनीति ने राष्ट्रपिता मोहनदास करमचन्द गाँधी की नाथूराम गोडसे की बन्दूक़ से हत्या करवाई। गाँधी को इसलिए हत्या के योग्य समझा गया कि वह पाकिस्तान के निर्माण के बाद भी, हिन्दू-मुस्लिम को प्रचलित राजनीति के विरोध में दो क़ौमें मानने से इनकार कर रहे थे... गोली लगते समय उनके मुँह से हे राम निकला था...उन्होंने उसी राम को पुकारा था जिसे गोसाईं तुलसीदास ने रामचरितमानस में अपनी चौपाइयों में सँवारा था। यह उस राम से भिन्न था, जिसे राजनीति ने मूर्ति के रूप में, अपने रथ में बिठाया था और उससे कई माँओं को रुलाया था, बहुत से बच्चों को डराया था। गाँधी जी की हत्या के विषय पर मजाज़ लखनवी ने एक कविता लिखी थी, इसमें एक शेर यूँ है—

*हिन्दू चला गया, न मुसलमाँ चला गया*
*इन्सान की तलाश में इन्साँ चला गया*

मजाज़ ने अपनी कविता में उसी इन्सान की बात की थी, जिसकी खोज सिकन्दर लोधी के काल में सन्त कबीर ने की थी और जो अपने ईश्वर को कई नामों से पुकारता था। कभी वह उसे राम कह के बुलाता था कभी श्याम नाम से जगाता था, वही ग़रीब नवाज़ था वही ख़ुदा था। इस इन्सान के लिए कबीर आत्मज्ञान को ज़रूरी मानते थे—

*आत्मज्ञान बिना जग झूठा—क्या मथुरा क्या काशी*

अंग्रेज़ शासक भारत की एकता को कभी भाषा तो कभी धर्म-जाति की तलवारों से काटकर आपस में नफ़रतों का इतिहास लिख रहे थे या लिखवा रहे थे और कवि/शाइर अपने शब्दों से उस भारत का रूप दर्शा रहे थे, जिसकी उम्र पाँच हज़ार वर्षों की अखण्डता थी। नज़ीर अकबराबादी नानक की प्रशंसा को शब्दबद्ध कर रहे थे, डॉक्टर इक़बाल राम को इमामे हिन्द की उपाधि से इस इतिहास में रंग भर रहे थे और महाराष्ट्र में साम्प्रदायिक दीवानगी के होते हुए मराठी ग़ज़ल के महाकवि इस्लाम के पैग़म्बर की शान में ग़ज़ल लिख रहे थे। सुरेश भट की नात का अनुवाद इस्मत जावेद ने किया है–

*जहाँ में सबसे अलग तिरा घर, जहाँ है शाहो गदा बराबर*
*मुझे भी इस घर के एक कोने में, बैठने दे ज़रा मुहम्मद*

# मुशायरा

मुशायरे का सम्बन्ध, अच्छी और गम्भीर शाइरी से कितना है, यह एक चर्चा का विषय है। हमारी संस्कृति में सन्तों की मौखिक परम्परा रही है। कबीरदास स्वयं को अपढ़ कहते थे, परन्तु ढाई अक्षर प्रेम के काव्य रूप से वह संगत में बैठने वालों को आत्मज्ञान प्रदान करते थे। ग़ालिब से पहले मीर और उनके बाद मीर दर्द के घरों में मुशायरे हुआ करते थे। इन सभाओं में शाइर और श्रोता एक स्थान पर जमा होते थे, और ग़ज़लें सुनाते थे। मीर दर्द, मीर तक़ी मीर के समकालीन सूफ़ी शाइर थे। उनका युग 19वीं शताब्दी है। मीर दर्द के दौर में दिल्ली दो बार लूटी गयी। एक बार ईरान के नादिरशाह के द्वारा और दूसरी बार अफ़ग़ानिस्तान के अहमद शाह दुर्रानी ने इसे वीरान किया। इन दोनों आक्रमणों ने केवल तबाही ही नहीं मचायी, औरंगज़ेब के बाद भारत में मुग़ल सल्तनत की दिन-प्रतिदिन गिरती हुई साख को भी महत्त्वहीन बना दिया। इन हमलों से घबराकर मीर और उनके साथ कई और नामी गिरामी शाइर दिल्ली छोड़ के वाजिद अली शाह के लखनऊ जा बसे। अकेले मीर दर्द ही ऐसे थे, जो उजड़ती दिल्ली छोड़ने को तैयार नहीं हुए। उन्हीं के घर के एक मुशायरे में एक बार एक मुग़ल शहज़ादा भी शाइरी के शौक़ में आ गया। वह टाँगें फैलाये हुए था। अचानक मीर दर्द की नज़र उसकी इस असभ्य हरकत पर पड़ी। उन्होंने टोकते हुए उससे कहा, साहबज़ादे यह अदब की महफ़िल है और इसमें टाँगें इस तरह फैलाकर बैठना बेअदबी है। शहज़ादे ने कहा, मैं मजबूर हूँ...मेरी टाँगों में तकलीफ़ है। मीर दर्द ने फ़ौरन जवाब दिया—मियाँ तकलीफ़ को घर में आराम दिया जाता है, महफ़िल में, महफ़िल के आदाब का ख़याल किया जाता है। उस ज़माने में मुशायरे तहज़ीब के केन्द्र हुआ करते थे। आख़िरी मुग़ल बहादुर शाह ज़फ़र के लाल क़िले के मुशायरे अब इतिहास का

हिस्सा हैं...इन मुशायरों में ग़ालिब सुनाते थे और जो सुनते थे, बहादुर शाह ज़फ़र ग़ज़ल पढ़ते थे और सुनने वालों में मोमिन ख़ाँ, ग़ालिब, शेफ़्ता और युवा शाइर दाग़ होते थे। उन दिनों सुनाने वालों और सुनने वालों के बीच में इतनी दूरी नहीं होती थी जितनी आज नज़र आती है। आज कच्ची उम्र की कन्याएँ दूसरों से लिखवाई कविताएँ सुनाती हैं और छा जाती हैं। इनमें कुछ ऐसे शाइर भी होते हैं जो छपी-छपाई ख़बरों को कविता बनाकर सुनाते हैं और श्रोताओं से तालियाँ पिटवाते हैं। ऐसे मुशायरों में एक और बात देखने को मिलती है। और वह है भावुक क़िस्म की साम्प्रदायिकता। अच्छी-सच्ची शाइरी के दर्शन अब मुशायरों में कम-कम ही होते हैं। शेर हो या कविता हो, उसे सुनकर समझने के लिए थोड़े समय की ज़रूरत होती है, और स्टेज से पढ़ी जाने वाली ग़ज़ल के लिए श्रोताओं के पास इतना समय नहीं होता, वे फ़ास्ट फूड की तरह शीघ्र स्वाद की आदत के शिकार हैं। समय की बढ़ती स्पीड के अनुसार, श्रोताओं को भी ऐसी रचनाओं में आनन्द आता है जिसको सुनने में, किसी प्रकार का मानसिक या शारीरिक कष्ट न हो...! एक बार एक संयोजक ने मुझसे प्रश्न किया था, आप मुशायरे में शरीक होने के लिए इतने ज़्यादा पैसे क्यों माँगते हैं। मेरा जवाब था, मैं इतनी रक़म की इसलिए डिमांड करता हूँ कि मुझे एक साथ दो काम करने पड़ते हैं– अपनी कविताएँ सुनाने के साथ दूसरों को सुनना भी पड़ता है। अगर मुझे सिर्फ़ अपनी कविताएँ सुनानी हों तो रक़म की डिमांड आधी भी हो सकती है। मुशायरों की ऐसी हालत हर जगह नज़र आती है—कविताएँ कम सुनाई जाती हैं, हाव-भाव या गलेबाज़ी ज़्यादा दिखाई जाती है, जिसकी वजह से मुशायरा तमाशा बन जाता है।

दो महीने पहले मुझे अरब में दोहा-क़तर जाने का इत्तफ़ाक़ हुआ था। भारत से साढ़े तीन घण्टों के हवाई जहाज़ के सफ़र के बाद मुशायरा पढ़ना था। मैंने अपने उसूल के मुताबिक़ उतने ही पैसों की शर्त रखी थी जो मैं अक्सर डिमांड करता हूँ। लेकिन इस बार मुझे लगा कि हवाई जहाज़ के टिकट के अलावा इंडियन करंसी में चालीस हज़ार में कम-से-कम दस हज़ार ज़्यादा लिए गये हैं। इस अहसास का कारण इस मुशायरे में शरीक एक शाइर तैमूर हसन तैमूर की मौजूदगी और उसकी ग़ज़लें थीं। दूसरे, कविताएँ दिखाने वाली लड़कियों या चीख़-पुकार करने वाले शाइरों की भीड़ में वह एक ऐसा शाइर था जिसका कलाम सुनकर मुझे पहली बार आनन्द मिला था और अपनी शाइरी सुनाने से पहले उसके शेर सुनकर यूँ लगा था...सरहदें धरती पर बिछाई जाती हैं, दीवारें मिट्टी में उठाई जाती हैं लेकिन अच्छी ग़ज़लें दिल में बनाई जाती हैं

और दिल से सुनाई जाती हैं। दाग़ साहब के एक शागिर्द नूह नारवी थे। उनका कहना था अच्छे शेरों का कोई धर्म, क्षेत्र या भाषा नहीं होती...वह जब भी सुनाया जाता है, हर सीमा को ठुकराता है। तैमूर पाकिस्तान में नयी नस्ल के नये शाइर हैं। उम्र से जवान हैं और नयी ग़ज़ल में नये भाव और भाषा के पासबान हैं। उनका अब तक एक संकलन 'ग़लतफ़हमी में मत रहना' के नाम से प्रकाशित हुआ है। उनके पुरखों की जन्मभूमि जम्मू-कश्मीर में बारामूला के एक गाँव घाघरू में है। चालीस साल पहले उनका ख़ानदान श्रीनगर से लाहौर आया और यहीं 1974 में उनका जन्म हुआ...उनके कुछ शेर देखिये—

*सूरज हूँ तो होने दो नमूदार (ज़ाहिर) मुझे भी*
*करना है तेरी दुनिया को बेदार मुझे भी*

*वह मेरा हौसला ऐसे बढ़ाया करता है*
*कि मुझको मेरी नज़र में गिराया करता है*

*मैं अपने हिस्से का हँस लूँ मेरी कहाँ है क़िस्मत*
*बस अपने हिस्से का रो लिया है यही बहुत है*

*दूसरों से तो लड़ लूँगा मैं*
*ख़ुद से लड़ना सिखा दीजिए*

*जिसको देखो वही सफ़र में है*
*हर किसी का सफ़र अधूरा है*

तैमूर की कहन ही नयी नहीं है, उसका कथ्य भी सदियों की रोती-बिसूरती, दुनिया की शिकायत करती हुई, पत्रकारिता टाइप व्यंग्यों से दूर होकर संसार में जीने और जीने देने के साहस और शक्ति से भरपूर है। ये ग़ज़लें अनुभवों की आँच में तपी हुई, एक ऐसे नौजवान की रचनाएँ हैं जो ईश्वर की नाइन्साफ़ी को भी स्वीकार करके अपने चिन्तन को आकार देता है। तैमूर जन्म से अन्धा है। लेकिन इस कमी के बावजूद उसने ब्लाइंड कॉलेज से उर्दू में एम.ए. की डिग्री ली...और आजकल गवर्नमेंट कॉलेज में प्रोफ़ेसरी कर रहा है...उसने गोल्ड मैडल के साथ एम.ए. किया, शादी की और बाप बना...वह आँखों के अभाव के बावजूद दुनिया को बहुतों से अधिक गहराई से देखता है।

# तहरीर

पाकिस्तान की प्रथम लोकसभा में, क़ायदे आज़म की सेक्यूलर तकरीर पर टिप्पणी करते हुए पाकिस्तान के ही एक इतिहासकार शाहिद जावेद बर्क़ी ने अपनी पुस्तक 'फिफ़्टी ईयर्स ऑफ़ नेशनहुड' (पाकिस्तान निर्माण के पचास साल) में लिखा था—क्या जिन्ना उस दो क़ौमी नज़रिये को नकार रहे हैं जो पाकिस्तान की बुनियाद है...क्या इससे यह नतीजा निकाला जाये कि जिन्ना ने मज़हबी दीवानगी को हवा दे कर भारत को टुकड़ों में बँटवाया। इस टिप्पणी में शाहिद जावेद ने कई चुभते हुए सवाल पूछे थे, लेकिन जिन्ना अपने जीवन के अन्त तक इन प्रश्नों के सीधे जवाब नहीं दे पाये। राजनीति के पास अपने कार्यों के तर्क होते भी नहीं...जिन्ना साहब की यह तकरीर उस वक़्त की है जब वह उद्देश्य पूर्ति के बाद, लीडर से इन्सान बने थे। लीडर से इन्सान बनने के अन्तराल में जो कुछ हुआ वह अब इतिहास का क़िस्सा है। इस क़िस्से में थोड़ा-सा मेरा भी हिस्सा है। अपने इस हिस्से को मैं अपनी शाइरी में टुकड़ा-टुकड़ा बयान करता रहता हूँ। कभी बिछड़ी हुई माँ के बहाने, कभी कराची में क़ब्र बने पिता के बहाने, कभी इधर से उधर होते हुए लाखों के क़त्लो ख़ून के ज़रिये। लीडर या शासक के इन्सान बनने की यात्रा सराही जाती है और ऐसा होना भी चाहिए। लेकिन इस परिवर्तन से पहले जो कुछ हो चुका होता है उसकी प्रशंसा नहीं होती, उस पर केवल आँसू ही बहाये जा सकते हैं। सम्राट अशोक भी अशान्ति से निकलकर शान्ति की ओर आये थे। लेकिन उनका यह सफ़र कलिंग के युद्ध में तीन लाख जीते-जागते लोगों की लाशों से गुज़र के पूरा हुआ था।

यह और बात है इतिहास में अशोक सम्राट हुए और तीन लाख इधर और उधर के सिपाही बारह बाट हुए। मेरा एक शेर है—

*तारीख़ में महल भी है हाकिम भी तख़्त भी*
*गुमनाम जो हुए हैं वह लश्कर तलाश कर*

इन गुमनामों की सिर्फ़ गिनती है उनके नाम नहीं होते। पहले की तरह आज भी लोगों को बुश या सद्दाम हुसैन के दो नाम ही याद हैं। इराक़ या अफ़ग़ानिस्तान में जो लाखों बेकुसूर ख़त्म हुए उसकी कोई फ़ेहरिस्त आज तक सामने नहीं आयी। कहीं शिआ-सुन्नी के विवाद पर आम आदमी मरते हैं, कहीं हिन्दू-मुस्लिम बन कर जान से गुज़रते हैं...कहीं ईसाईयत और इस्लाम को जंग का मुद्दा बनाया जाता है, कहीं काले-सफ़ेद का झण्डा उठाया जाता है...मगर यह सारा खेल-तमाशा मुट्ठी भर लोगों के द्वारा रचाया जाता है।

मेरी बेटी तहरीर की माँ गुजरात की हिन्दू है, वह जिस स्कूल में जाती है उसे ईसाई मिशनरी चलाती है और वह बिल्डिंग में जिन अपनी उम्र के बच्चों के साथ वक़्त बिताती है उनके माता-पिता कई धर्मों, कई भाषाओं और प्रान्तों के हैं इस हिसाब से उसकी परवरिश में, थोड़ा-सा हिन्दुत्व है, थोड़ा-सा इस्लाम है, थोड़ी-सी ईसाईयत है, थोड़ा-सा बौद्ध मत है और थोड़ी-सा गुरु नानक की रूहानियत है। और वह जिन मूल्यों के साथ बड़ी हो रही है उनका नाम इन्सानियत है। अंग्रेज़ी भाषा के कवि वर्ड्सवर्थ की एक कविता की पंक्ति है—चाइल्ड इज़ द फादर ऑफ़ मैन (बच्चा बड़ों का उस्ताद होता है)। यह पंक्ति जब पढ़ी थी उस समय इसका अर्थ साफ़ नहीं था। लेकिन एक दिन तहरीर की बात सुनी तो पंक्ति का अर्थ भी खुला और कवि की सच्चाई पर यक़ीन भी आया। हुआ यूँ, एक दिन वह मेरे घर के किचिन में, अपनी माँ के छोटे से मन्दिर के सामने हाथ जोड़े नज़र आयी। मैं जब अपनी लाइब्रेरी की तरफ़ जा रहा था तो मेरी नज़र उस पर पड़ी। उसे इस रूप में देखकर मैंने उससे मज़ाक़ में पूछा—क्या कर रही है। उसने आँखें खोल कर गम्भीरता से उत्तर दिया। जय जय कर रही हूँ। मैंने उसके जवाब को सुनकर आवाज़ बदल कर कहा...जय-जय नहीं अल्ला-अल्ला करो। मेरी बात सुनकर वह उस वक़्त तो ख़ामोश रही, लेकिन जब मैं अपनी लाइब्रेरी

में यास यगाना चंगेज़ी की एक ग़ज़ल का मक़्ता (वह शेर जिसमें शाइर अपना उपनाम इस्तेमाल करता है।) पढ़ रहा था—

*कृष्ण का हूँ पुजारी अली का बन्दा हूँ*
*यगाना शाने ख़ुदा देखकर रहा न गया...*

तो वह ख़ामोशी से मेरे पास आयी और उसने कहा—पापा अल्ला और जय-जय एक ही होते हैं...

मेरी बेटी का नाम तहरीर है। तहरीर अरबी भाषा का शब्द है। यह शब्द अरब के रेगिस्तान से चलकर गंगा के मैदान में आया और हिन्दुस्तानी बोली में हिन्दुस्तान बन गया। इसे फ़ारसी में दस्तावेज़ और आम ज़ुबान में लिखावट भी कहते हैं। ये तीनों शब्द साथ-साथ एक ही शब्दकोश में रहते हैं। इनमें से लिखने वाले को, इबारत के अनुसार जो लफ़्ज़ जँचता है उसे आसानी से इस्तेमाल कर लेता है। इस चयन में, कोई राजनैतिक मतभेद का दबाव नहीं होता। लेखक की समस्या केवल अभिव्यक्ति होती है। कौन-सा शब्द कहाँ से चलकर कहाँ आता है और कैसे किस भाषा का हिस्सा बन जाता है, यह क़िस्सा भाषा विज्ञान का है। शब्दों के इस आदान-प्रदान में शब्दों के उच्चारण भी बदल जाते हैं और कभी-कभी इनके अर्थ भी तब्दील हो जाते हैं। ग़ालिब के समकालीन, लखनऊ के ख्वाज़ा हैदर अली आतिश थे। उनकी एक ग़ज़ल की पंक्ति है—*मैं जहाँगीर हूँ तू नूरजहाँ बेगम है।* उनके युग में एक जानकार ने उन पर शब्द को ग़लत इस्तेमाल करने का आरोप लगाया। उन्होंने कहा, यह शब्द तुर्किस्तान का है और तुर्क भाषा में इसे 'बेगुम' बोला जाता है। आतिश का जवाब था मैं तुर्की में नहीं, अपने देश की भाषा में इसे लिख रहा हूँ इसलिए बेगम उचित है। एक शब्द है गुमान, फ़ारसी में इसे यक़ीन से उलट 'शक़' के अर्थ में उपयोग किया जाता है। मीराबाई ने एक कृष्ण-गान में इसे गर्व के अर्थ दिये हैं। मुरलिया काहे गुमान भरे। अंग्रेज़ों ने 1857 से लेकर 1947 तक भारत पर राज किया, हमने विदेशियों को देश छोड़ने पर विवश किया लेकिन शब्द स्टेशन, साइकिल आदि उनके साथ नहीं जाने दिया...शब्दों का मेल जोल, कल्चर के व्यापक रूप का एक अंग है और कल्चर तालाब का ठहरा हुआ पानी नहीं होता, लहरों में बहता सागर होता है जिसमें विभिन्न दिशाओं से नदियाँ आती हैं और

सागर में सागर बनती जाती हैं। नदियों के नाम अलग-अलग होते हैं परन्तु सागर को हमेशा एक नाम से ही पुकारा जाता है। जो सांस्कृतिक शुद्धता का राग अलापते हैं वे अपने एक डेढ़ मीटर के गज़ से धरती के विस्तार को नापते हैं। जो ग़लत है। हमारे रहन-सहन, खान-पान, नियम-क़ायदे वक़्त के साथ बदलते रहते हैं, देशी-विदेशी प्रभाव इनमें चलते रहते हैं। आलू लन्दन से आया और हमारे भोजन का ज़रूरी हिस्सा हो गया। मिर्च पुर्तगाल से चलकर आयी और हमारे स्वाद में शामिल हो गयी। सिख धर्म का पावन ग्रन्थ भारत में एक में अनेकता की झाँकी की सबसे बड़ी मिसाल है। इस ग्रन्थ में प्रथम पाँच गुरुओं के उपदेशों के साथ, भाषा और क्षेत्रीयता की सारी सीमाओं से दूर होकर इसमें बनारस के कबीर भी हैं, पाकपटन के फ़रीद भी हैं, मराटी भाषी नामदेव भी हैं...इस तरह इसमें विभिन्न प्रान्तों और संस्कृतियों की 16 बानियाँ शरीक हैं। फ़िराक़ साहब ने कल्चर की पल पल बदलती इस प्रकृति को बहुत सुन्दर शब्द दिये हैं—

*सरज़मीने-हिन्द में अक़वामे आलम (संसार की क़ौमें) के फ़िराक़*
*कारवाँ आते गये हिन्दोस्ताँ बनता गया...*

फ़िराक़ के इसी शेर के ख़याल को मजरूह ने अपने अन्दाज़ में यूँ पिरोया है—

*मैं अकेला ही चला था जानिबे मंज़िल मगर*
*लोग साथ आते गये और कारवाँ बनता गया*

हर तहज़ीब आते-जाते कारवाँ के मेल-मिलाप की कहानी सुनाती है और सुननेवाले को यह समझाती है कि मानव जीवन किसी कालखण्ड में लगी हुई तस्वीर नहीं है। चलते हुए समय के साथ बदलती हुई तहरीर है! इस तहरीर को पढ़ने के लिए खुली आँखों और रौशन दिमाग़ों की ज़रूरत होती है। जो हमारे देश में शिक्षा की कमी या शिक्षा के राजनीतिकरण के कारण कम ही दिखाई देते हैं। राजनीति को सोचने वाले ज़हनों से अधिक बिना सोचे चलने वाली भेड़-बकरियों की ज़रूरत होती है। भेड़-बकरियों को इन्सान बनाने का ख़तरा मोल लेना कोई नहीं चाहता। इन्हीं भेड़-बकरियों के सहारे जब धर्म के नाम पर देश का विभाजन हुआ

और पाकिस्तान वुजूद में आ गया, मेरी एक नज़्म है। बाप की मौत पर...यह कविता मैंने इटली के एक शहर पालेरमू में पढ़ी थी। सुनने वालों में वहाँ डॉरिस लेसिंह भी थी। उन्होंने मुझसे कहा—तअज्जुब है तुम कविता में भी पिता की याद को नहीं भूलते। मैंने उनसे पूछा इसमें तअज्जुब की क्या बात है। उनका जवाब था— हम यूरोप वालों ने पहले ख़ुदा को मारा, फिर उसके बाद पिता को भी उसके सिंहासन से उतार दिया...मैंने उन्हें बताया—हमारी संस्कृति 5000 वर्षों की है। इतिहास के इस लम्बे कालखण्ड में, हमारे यहाँ ख़ुदा भी ज़िन्दा है और पिता का सिंहासन भी ताबिन्दा है। हमारे यहाँ पिता कभी नहीं मरता। हर पिता के देहान्त में सन्तान ही की मौत होती है। पिता नाम बदलकर, रूप बदलकर मुसलसल एक शरीर से दूसरे में, दूसरे से तीसरे में...यूँ ही यात्रा करता रहता है। एक रात को सोने से पहले...मैंने बिस्तर में अपने बायें पाँव को हिलते हुए देखा। यह देखकर अचानक मुझे याद आया कि मेरे पिता भी सोने से पहले ऐसा ही करते थे। फिर मैंने सोचा हर पुत्र या पुत्री की ज़हानत ही वह मैदान होती है जिसमें वह अपने पिता से लड़ाई लड़ता है। लेकिन बाद में पता लगा, पिता दरअसल बाहर नहीं होता। वह तो अन्दर ही छिपा होता है। और लड़ाई हम पिता से नहीं स्वयं अपने आप से ही लड़ते हैं। उम्र की इस मंज़िल में जिससे मैं गुज़र रहा हूँ मुझे ऐसा लगने लगा है कि जैसे-जैसे उम्र बढ़ रही है मेरे अन्दर मेरा 'मैं' घटता जा रहा है और पिता बढ़ता जा रहा है। मेरे पिता शाइर थे। वह अपने रंग और अन्दाज़ की रचनाएँ लिखते थे। मेरे लेखन और उनकी शाइरी में काफ़ी फ़र्क़ है। मगर शब्दों को कविता बनाने का शौक़ दोनों में एक सा है। उनके त्योहारों में ईद, दीवाली, क्रिसमस सब शामिल थे। उनके दोस्तों में भी हर आस्था और विश्वास के लोग थे। उनके बायें पाँव हिलाने की आदत की तरह, इन्सान में भगवान की खोज की विरासत भी, मेरी सोच की इबादत है। यह सच है हर पैदाइश एक इत्तेफ़ाक़ है। पैदा होने से पहले किसी को अपनी मर्ज़ी के घर के चयन की आज़ादी नहीं होती। कोई जहाँ जन्मता है वही घर और उसके संस्कार ही उसके और समाज के रिश्ते की बुनियादें बनाते हैं। मेरी कविताओं में आम आदमी के साथ मेरा जुड़ाव मेरे

उसी घर के स्वभाव की देन है जो बहुत पीछे कहीं छूट कर भी आज भी मेरे साथ है। इसका सुबूत मेरे कई दोहे हैं—

*सबकी पूजा एक सी, अलग-अलग हर रीत।*
*मस्जिद जाये मौलवी, कोयल गाये गीत।।*

*ख़ुद ही बने अमीर तू, ख़ुद ही रहे ग़रीब।*
*ईश्वर अपने हाथ से, लिखता नहीं नसीब।।*

कल मैं एक बाप का बेटा था आज मैं ख़ुद एक बेटी का बाप हूँ। इसका नाम तहरीर है। वह उसी उम्र में है, जिस उम्र में कभी मैं था। अपने पिता के घर में उनकी हर रोक-टोक पर उनसे लड़ता-झगड़ता। जब मेरी बात-बात पर वह झल्लाती है तब मुझे अपना बचपन याद आने लगता है। एक दिन कार में मेरे क़रीब बैठी थी वह, हम बान्द्रा से गुज़र रहे थे। बान्द्रा में एक बड़ी पुरानी मस्जिद है। इसके सामने से जैसे ही कार गुज़री उसने अचानक पूछा, पापा यह किसका मकान है। मैंने कहा पगली यह मकान नहीं है मस्जिद है। ख़ुदा का घर है। उसने मस्जिद के ऊँचे मीनारों को देखते हुए कहा, ख़ुदा का घर इतना बड़ा...और उसके बाद मेरा दोहा मुझे ही सुनाने लगी।

*बच्चा बोला देखकर, मस्जिद आलीशान*
*अल्ला तेरे एक को, इतना बड़ा मकान*

अपना ही दोहा उसके मुँह से सुनते हुए मुझे महसूस हुआ मेरी बेटी बड़ी हो रही है, क्योंकि उसके विचारों में मेरा वह 'मैं' जगमगाने लगा है जो मेरे अन्दर मेरे पिता की विरासत थी—मुझे ख़ुशी है न वह अपनी माँ की तरफ़ से हिन्दू बन रही है न मेरी तरफ़ से मुसलमान बन रही है, वह सिर्फ़ इन्सान बन रही है...वह इन्सान जो मेरे अन्दर मेरे शाइर पिता दुआ डिबाइवी की पहचान है। पिता की मौत पर मेरी नज़्म की अन्तिम पंक्तियाँ हैं—

*तुम्हारी क़ब्र पर जिसने तुम्हारा नाम लिखा है*
*वह झूठा है*
*तुम्हारी क़ब्र में मैं दफ़्न हूँ*
*तुम मुझ में ज़िन्दा हो...*

# राजेश कुमार

दोहा एक लोक काव्य विधा है। यह सूफ़ी सन्तों की संगतों में पली-बढ़ी और आम आदमी के दुख-सुख के साथ चली फिरी। इसके पैरों तले हमेशा खुली ज़मीन और सिर पर चारों ओर फैला हुआ आसमान रहा है। राज़दरबारों की सियासत से दूर होकर, इसने मुहब्बत और इन्सानियत में ईश्वर को आबाद किया और इस तरह मन्दिर-मस्जिद, चर्च के विवादों से इसे आज़ाद किया...पत्थरों के बन्दी घरों से निकालकर अपने दिल में बसाया और दिल में बसाकर उसे कई नामों से उसे बुलाया...कभी वह ख़ुदा था, कभी ग़रीब नवाज़ था, कभी राम था, कभी श्याम था—हिन्दुस्तानी भाषा में बाबा फ़रीद और उनके बाद अमीर ख़ुसरो से इसकी शुरुआत हुई और फिर लोग साथ आते गये और कारवाँ बनता गया...

दो पंक्तियों की यह विधा देखने में ग़ज़ल के मतले से मिलती-जुलती ज़रूर है, लेकिन अपने मिज़ाज, रिवाज़ तथा समाज की दृष्टि से काफ़ी दूर भी है। इस दूरी का कारण इसका विशेष छन्द की लय और तान भी है, चित्रात्मक ज़बान भी है और इसी के साथ मानव और भगवान के सीधे सम्बन्ध का बयान भी है...भारतीय भाषा में यह कई सदियों को पार कर चुकी है। इतने लम्बे कालखण्ड में यह भी बहुत कुछ बदली है...जीवन के हालात के साथ यह परिवर्तन ज़रूरी भी था। लेकिन साधारण जीवन से इसका सम्पर्क कभी नहीं टूटा...राजेश कुमार की पुस्तक 'आँच पर सवाल' में शामिल दोहे इसी जन परम्परा से जुड़ी हुई रचनाएँ हैं। बिटिया, तुम, हम सब आदि से बने हुए इस काव्य-संसार में ज़िन्दगी का दायरा सजे-सजाये ड्राइंगरूम्स की तरह महदूद नहीं है आम आदमी की संख्या की भाँति लाम हदूद है।

इन दोहों का रचनाकार आधुनिक युग का उकताया-घबराया व्यक्ति नहीं है—यह घर बार का ज़िम्मेदार इन्सान है जिसे रिश्तों से भी प्यार है और सपनों पर भी एतिबार है। राजेश कुमार, पिछली पीढ़ी के प्रगतिशील रचनाकारों की तरह आम आदमी की बात ख़ास आदमी के मुहाविरे में नहीं करते...उनकी समस्याएँ और प्रश्न ही आम आदमी से जुड़े नहीं हैं, इनकी अभिव्यक्ति में भी चलते-फिरते रास्ते घूमते-फिरते नज़र आते हैं।

राजेश कुमार बेघर-बार के बौद्धिक जीवन में घर का भी सम्मान करते हैं, रिश्तों का बयान भी करते हैं और आँखों में सपनों को मेहमान भी करते हैं।

डॉक्टर किंग मार्टिन लूथर ने एक वक्तव्य में कहा था—"जीवन उसी क्षण से अन्त की ओर चलना शुरू हो जाता है जब हम उन बातों पर मौन होने लगते हैं जिन पर बोला जाना चाहिए..." राजेश कुमार बोलने वाली बातों पर ख़ामोश नहीं रहते। वह बोलते हैं मगर इस बोलने में होश नहीं खोते—वह इसलिए कि वह नेता नहीं हैं कवि हैं, पिता हैं, प्रेमी हैं, और जनता के साथी हैं।

# इन्दु श्रीवास्तव

तुर्की के नोबेल पुरस्कार विजेता पामुक के बारे में पढ़े गये परिचय-पत्र में कहा गया है कि वह धार्मिक कट्टरपन्थी गिरोहों के निशाने पर हमेशा रहे लेकिन उनके लेखन की जाँच-परख उनके विचारों पर नहीं, इन विचारों की साहित्यिक अभिव्यक्ति के स्तर पर की गयी है। इस परिचय के द्वारा पुरस्कार कमेटी ने पत्रकारिता और रचनात्मकता के जिस अन्तर की ओर इशारा किया है, वही अच्छी ग़ज़ल या कविता की शिनाख़्त है। इन्दु श्रीवास्तव ने इसी अन्तर को पैमाना बनाकर जो शेर कहे हैं वह देखे हुए को नहीं दिखाते, देखे हुए जो छिपा है उसे दर्शाते नज़र आते हैं—उनके शेर बोलते कम हैं, खोलते ज़्यादा हैं—

*वह जो दिल का अमीर लगता है*
*दूर का राहगीर लगता है...*

*नहीं मिलता है हमको इस शहर में कोई घर ऐसा*
*कि जिसका फ़र्श चिकना हो न हो, पर छत तो अच्छी हो—*

*जिसने बख़्शी है ज़िन्दगी तुमको*
*उसका जीना मुहाल करते हो—*

*दम तोड़ दे ज़मीं पे कोई भूख-प्यास से*
*चुपचाप आसमाँ से नज़ारा करे कोई*

इन्दु श्रीवास्तव की ग़ज़लें पढ़ते हुए मेरे ज़ेहन में किंग मार्टिन लूथर के भाषण का एक जुमला जाग जाता है। उन्होंने कहा था, हमारे जीवन का अन्त उस समय होता है जब हम उन मसलों पर मौन होने लगते हैं, जिन पर बोलना चाहिए। इन्दु जी का रचना-संसार काफ़ी फैला हुआ है।

वह कई बोलने वाले मुद्दों पर बोलती हैं, लेकिन इस बोलने में वह ग़ज़लकार ही रहती हैं पत्रकार नहीं बनतीं और यही ग़ज़ल का मिज़ाज भी है। इन्दु की ग़ज़लों की एक विशेषता उनकी भाषा है—इसमें शब्दों के रूप-रंग और मैयार पर उनकी गिरफ़्त कहीं ढीली नहीं होती। इनमें हिन्दी और उर्दू (अगर ये दो भाषाएँ हैं) का वह मेल नज़र आता है जिसे गाँधीजी हिन्दुस्तानी कहकर पुकारते थे। इस भाषा की रिवायत मुहब्बत की इबादत के समान है। इन्दु श्रीवास्तव की ग़ज़लें एक कवयित्री की रचनाएँ हैं लेकिन इनमें वह औरत नज़र नहीं आती, जो मुँह में झाग भरकर पुरुष प्रधान समाज में नारी होने को रोती-पीटती है।

*सदी इक्कीसवीं है तो हुआ क्या*
*हमारा धर्म तो इन्सानियत है।*

ग़ज़ल के बारे में कहा जाता है, यह सबसे आसान विधा भी है और सबसे मुश्किल विधा भी। इस वाक्य में एक अजीब-सा विरोधाभास है। अगर आसान है तो मुश्किल कैसे होगी। परन्तु इसी विरोधाभास में एक बहुत गहरा और गम्भीर पहलू उजागर होता है। आसान यूँ है कि हर ग़ज़ल किसी एक विशेष छन्द में होती, है जो पहली पंक्ति से अन्तिम पंक्ति तक एक ही मात्रिक गति से चलती है, दूसरी आसानी इसमें क़ाफ़िये की है जैसे इन्दु श्रीवास्तव की एक ग़ज़ल के मतले में है—

*दर्द का दौर गुज़र जायेगा*
*जो भी हारेगा बिखर जायेगा*

इस मतले में काफ़िया 'गुज़र' हुआ—अब इस शब्द की कई तुकें हैं, गुज़र, इधर, उधर, उतर, ख़बर आदि सामने आती जाती हैं। इसके साथ रदीफ़ 'जायेगा' काफ़िये के साथ लगातार चलती रहती है। छन्द, काफ़िया और रदीफ़ शाइर/शाइरा के लिए तीन चौथाई से ज़्यादा काम कर देते हैं... बाक़ी का एक चौथाई, बच्चों के प्रश्न फिल इन दा ब्लेंक' की तरह रचनाकार को करना पड़ता है। ख़ाली जगह के भरने में काफ़िया तथा रदीफ़ सहायक सिद्ध होते हैं लेकिन आसान के साथ इसे मुश्किल भी कहा गया है। इस मुश्किल को समझने और इसे पार करने के तरीक़े से ही अच्छी-बुरी ग़ज़ल की पहचान होती है। छन्द में काफ़िये, रदीफ़ की खपत आसान है मगर

इस आसानी में मुश्किल पैदा करके ही ग़ज़ल, ग़ज़ल बनती है। अक्सर रचनाकार आसानी में मुश्किल पैदा करने से कतराते हैं और इस तरह अपना और अपने पाठकों के समय को सताते हैं। जिस विधा का इतिहास बड़ा होता है उसमें अच्छा शेर कहना आसान होता है लेकिन अपना शेर लिखना मुश्किल होता है।

इन्दु श्रीवास्तव की पुस्तक 'आशियाने की बातें' से गुज़रते हुए मुझे कई दफ़ा ऐसा लगा कि वह आसान और मुश्किल के फ़र्क़ को पहचानती भी हैं और शब्दों को अपना बनाकर अपनी बात कहने की कला को जानती भी हैं। पूरी ग़ज़ल तो नहीं लेकिन हर ग़ज़ल में एक दो 'अपने' लगते हैं। इस पुस्तक की रचनाओं में न ओढ़ा हुआ जनवाद है, न नारे की तरह लाउड चीख़-पुकार है और न आम आदमी के साथ होने का व्यवहार है। उनकी सोच भी सलीक़ा मन्द है और उनका कालम भी काफ़ी होश मन्द है। वह पत्रकारिता को शब्दबद्ध करने के बजाय दूसरों के दुख-सुख में ख़ुद को शरीक करके अपनी आवाज़ और अन्दाज़ को उन नार्मियों से परिचित कराती हैं, जो अध्ययन के एकान्त को जगमगाती है। इन्दु ग़ज़ल बनाती नहीं हैं अपने दर्द को गाती हैं–

*इन दिनों बनती नहीं कोई ग़ज़ल*
*हार कर हम दर्द गाने चल दिये*

# जगजीत सिंह

ग़ज़ल सिंगर जगजीत सिंह से मेरी दोस्ती की उम्र उतनी ही है, जितनी मेरी एक ग़ज़ल की उम्र है, जिसका मतलब है—

*दुनिया जिसे कहते हैं बच्चे का खिलौना है*
*मिल जाये तो मिट्टी है खो जाये तो सोना है*

इस ग़ज़ल को किस मासिक में जगजीत सिंह ने पढ़ा था और मुझे बिना इत्तिला दिये, चित्रा सिंह के साथ 'दो गान' के रूप में लिखा कर लिया था। मुझे इसकी सूचना मिलती भी कैसे। उस समय मेरा पता था न ठिकाना। मुझे इसके रिकॉर्ड हो जाने की ख़बर उस वक़्त मिली जब एच. एम. वी. का चेक कई ठिकानों से री-डायरेक्ट होता हुआ मुझ तक पहुँचा था। यह ग़ज़ल उनके एलबम कम-ए-लाइव में शामिल है, जो लन्दन में उनके एक कॉंसर्ट की लाइव रिकॉर्डिंग पर आधारित है। इस एलबम की शुरुआत जगजीत के बोले हुए जुमलों से होती है। उनकी आवाज़ में जो वाक्य शामिल हैं वे यूँ हैं...हम आज शाम की शुरुआत शाइर निदा फ़ाज़ली की ग़ज़ल से कर रहे हैं। इस रिकॉर्ड नें मेरे अलावा और भी कई शाइरों की रचनाएँ थीं। लेकिन नाम सिर्फ़ मेरा लिया गया था। इसकी वजह से अच्छी-बुरी सारी ग़ज़लों की बदनामी और नेकनामी मेरे खाते में लिख दी गयी। पाकिस्तान के मशहूर शाइर अब्दुल हमीद अदम का एक शेर है।

*दिल अभी अच्छी तरह टूटा नहीं*
*दोस्तों की मेहरबानी चाहिए...*

गायकी और ग़ज़ल का रिश्ता यूँ तो बहुत पुराना है, लेकिन बेगम अख़्तर और मेंहदी हसन का दौर इसकी बुलन्दी का ज़माना है। मेंहदी हसन की लयकारी ने इस विधा में ऐसे चार चाँद लगाये कि ग़ज़ल गायकी का एक अटूट अंग बन गयी। फ़िल्मी गीतों में शब्दों का अनादर भी सुनने वालों में इसके आदर का कारण बना। सजे-बने ड्राइंगरूम्स और फाइव स्टार से लेकर बड़ी-बड़ी महफ़िलों तक हर तरफ़ इसकी गूँज सुनाई देने लगी...सुरीली गायकी, रागों पर आधारित धुनों और स्तरीय चयन ने, बहुत जल्द मेंहदी हसन को एक लीजेंड बना दिया। वह ग़ज़ल गायकी का एक स्कूल बनकर उभरे और हिन्दो-पाक के नये गायक इससे जुड़ते गये और देखते-देखते ग़ज़ल गायकों की गिनती बढ़ गयी। ग़ज़ल की लोकप्रियता ने क़व्वाली कल्चर को पीछे धकेल दिया। बड़े-बड़े क़व्वाल या तो घर में ख़ाली बैठ गये या उनमें से अक्सर ने ग़ज़ल को अपनाना ही मुनासिब समझा। ग़ज़ल एक काव्य विधा है। प्राचीन भारत के इतिहास में यूँ तो इसके निशानात पहले भी देखे जा सकते हैं, लेकिन हिन्दुस्तानी भाषा में पूरे तौर पर इस विधा का दीदार अलाउद्दीन ख़िल्जी के युग में सूफ़ी निज़ामुद्दीन के आँगन में दिल्ली में होता है। जहाँ अमीर ख़ुसरो ने उसे देखा और अपनाया। ख़ुसरो फ़ारसी के शाइर थे। हिन्दुस्तानी ज़ुबान में उनकी पहली ग़ज़ल जो उनके नाम से जुड़ी है उसका चेहरा यूँ है...

*जो यार देखा नैन भर मन की गयी चिन्ता उतर*
*ऐसा नहीं कोई अजब राखे उसे समझाये कर...*

यह विधा कई देशों और संस्कृतियों से गुज़र के भारत आयी थी। इसीलिए वह एक साथ सूफ़ियाना भी है, रिन्दाना भी है और आशिक़ाना भी है। वह अधर्मी तो नहीं है, लेकिन उसका धर्म मुल्ला-पण्डित के दायरों से बाहर होकर ज़मीनो-आसमान के रिश्ते को तलाश करता है। जगजीत सिंह भी इसी बहुआयामी विधा के गायक हैं। वह गंगा नगर में उस्ताद जमाल खां से संगीत की शिक्षा और जालन्धर से कॉलेज की तालीम लेकर बम्बई आये थे। संगीत से उनकी दोस्ती 1948 के आसपास उन फ़िल्मी गीतों की देन है जो वह घर में रेडियो से सुनते थे और सुनकर गुनगुनाते थे। सरदार अमर सिंह (जगजीत के पिता) ने उन्हें एक दिन दूर से गाते हुए सुना, और सात बहन-भाइयों के परिवार में एक में वह सपना जागता

हुआ देखा, जो कभी उन्होंने अपनी जवानी के दिनों में देखा था और जो पारिवारिक ज़िम्मेदारियों के कारण अधूरा रह गया था। अब अधूरे सपने को जगजीत सिंह में पूरा करने के लिए वह उसे एक ब्लाइंड संगीत शिक्षक पं. छगन लाल शर्मा के पास ले गये। उस समय वह लगभग 12 वर्ष के थे। उसके बाद, उच्च शिक्षा के लिए सेनिया घराने के उस्ताद जमाल ख़ान के शागिर्द हो गये। गुरु-शिष्य की इस परम्परा के अनुसार जगजीत सिंह का रिश्ता कई पीढ़ियों दूर जाकर तानसेन से मिलता है, और तानसेन से मेरा रिश्ता यूँ है, कि मैं जहाँ का हूँ वहाँ की धरती के एक कोने में इमली की छाँव तले संगीत सम्राट तानसेन का मज़ार है...जगजीत से मेरी दोस्ती में मेरी ग़ज़लों के अलावा मेरे हमवतन तानसेन घराने से उनके सम्बन्ध के रोल से भी इनकार नहीं किया जा सकता...।

जगजीत सिंह, जगजीत का दूसरा नाम है। पिता ने उनके जन्म पर जो नाम दिया था वह जगमोहन था। लेकिन कुछ वर्षों तक इसी नाम से पुकारे जाने के बाद, एक दिन, परिवार के नामधारी गुरु आये और उनके आदेश से जगमोहन हमेशा के लिए जगजीत बन गये। नाम की तब्दीली के साथ उनकी भविष्यवाणी थी—यह जग को जीतेगा...! इस पेशीनगोई का चमत्कार उस समय सामने आता नज़र आया जब वह नवीं क्लास के स्टूडेंट थे। अवसर गुरु पर्व का था। 15-20 जाने-माने कलाकारों के बीच, अपनी बारी पर जब उन्होंने पंजाबी का एक गीत 'कितेरा एतिबार ओ राहिया' छेड़ा और सारी महफ़िल झूमने लगी। उस स्टेज से उन्हें एक की जगह और भी कई गीत गाने पड़े। नामों से क़िस्मत को जोड़ने का फ़ैशन फ़िल्मी दुनिया में अक्सर नज़र आता है। कभी-कभी इस तब्दीली का साथ क़िस्मत ने दिया भी है। यूसुफ़ ख़ान से दिलीप कुमार होने और इन्दौर के बदरुद्दीन के जानी वाकर होने से उनकी सफलताएँ ज़रूर जुड़ी हुई हैं। इस पहली सफलता ने युवा जगजीत को भी हमेशा के लिए संगीत से जोड़ दिया...और इस फ़ैसले ने उनका साथ यूँ निभाया कि वह जहाँ भी गये, इसी के द्वारा यश भी पाया, नाम भी कमाया। मेरा एक शेर है—

*कोशिश भी कर, उम्मीद भी रख, रास्ता भी चुन*
*फिर उसके बाद थोड़ा मुक़द्दर तलाश कर*

यह सही है, सिर्फ़ नाम की तब्दीली से कुछ नहीं होता। नाम के साथ कोशिश, उम्मीद और रास्ते का चयन भी बहुत ज़रूरी है। जगजीत ने केवल भविष्यवाणी पर भरोसा नहीं किया, ख़्वाब को हक़ीक़त बनाने में लगातार मेहनत से भी काम लिया। उनकी सुबह तानपूरे से शुरू होती है, और रात भी रागाभ्यास के साथ सोती है। इन सुबहों और रातों के बीच उनकी जीवन कथा नये-नये रंग बदलती रही है। उनके संगीत का सफ़र तलत महमूद और मेंहदी हसन की गायी हुई ग़ज़लों को दोहराने से प्रारम्भ हुआ। वह जब बम्बई आये थे, तो सर पर पगड़ी और चेहरे पर दाढ़ी थी। बम्बई में जब उनका पहला ई. पी. बना और उसकी लोकप्रियता देखकर जब एच.एम. वी. ने उनसे कवर पर छापने के लिए तस्वीर माँगी तो उनका चेहरा दाढ़ी से और सर पगड़ी से आज़ाद हो गया। बिना दाढ़ी और पगड़ी के चेहरे को देखकर मशहूर पत्रकार खुशवन्त सिंह को उनके चेहरे में दिलीप कुमार की छबि नज़र आयी। कहते हैं हर कामयाब मर्द की कामयाबी के पीछे किसी औरत का हाथ होता है। किसी और के साथ यह सच हो न हो, लेकिन जगजीत सिंह के रहन-सहन, उनके रिकॉर्डों के अंग्रेज़ी नाम और स्टेज पर चित्रा सिंह की भागीदारी ने भी जगजीत की इमेज बनाने में ज़रूर एक विशेष भूमिका निभाई है। चित्राजी के नाम के साथ 'सिंह' जुड़ने से पहले 'दत्ता' लगा हुआ था—चित्रा और दत्ता के मतभेद ने चित्रा को अकेला कर दिया था। जगजीत सिंह उनके इस एकान्त के साथी बने...जगजीत ने मेरी एक ग़ज़ल गायी है इसका मतला है—

*अपनी मर्ज़ी से कहाँ अपने सफ़र के हम हैं*
*रुख हवाओं का जिधर का है उधर के हम हैं...!*

यह ग़ज़ल 'सैलाब' नामक सीरियल में उनकी आवाज़ में थी जो बाद में 'मिराज' में शामिल की गयी। बच्चों का एक खेल है, साँप और सीढ़ी, इसमें एक छोटे से पासे के सहारे हार-जीत होती है। पासा कई सीढ़ियाँ चढ़ाता है और फिर अचानक साँप के फन से डस लिया जाता है। जगजीत भी चित्रा के साथ कई कामयाबियों के ज़ीने चढ़े, वे जिधर भी बढ़े...आगे और आगे बढ़ते रहे। मगर पासा तो कुदरत के हाथ का खेल होता है। जगजीत ने 'इनसाइट' में मेरा एक गीत गाया था।

*जीवन क्या है चलता फिरता एक खिलौना है*
*दो आँखों में एक से हँसना एक से रोना है...*

जगजीत की शख़्सियत भी हँसने और रोने के मिलाप का नमूना है। उनके घर पुष्प विता में एक कमरा है। वह कमरा जैसा कई साल पहले था आज भी वैसा ही है। हर सुबह पाबन्दी से यह खुलता है और अगरबत्तियों की सुगन्ध से महकाया जाता है। उसमें हर चीज़ उसी तरह से रखी है, जैसे कई साल पहले उनका इकलौता बेटा विवेक छोड़ के गया था और फिर कभी नहीं लौटा। भगवान ने जगजीत से विवेक को भले ही छीन लिया हो मगर जगजीत उसे आज तक जीवित रखे हुए हैं...उस कमरे में, अपने गायन में, अपने अन्दाज़ में, अपनी आवाज़ में—

*तुम यह कैसे जुदा हो गये*
*हर तरफ़ हर जगह हो गये...*

# निदा फ़ाज़ली और ग्वालियर

बढ़ती हुई आबादी ने संसार को एक बड़े बाज़ार में तब्दील कर दिया है। इस बाज़ार ने सदियों पुरानी आस्थाओं, विश्वासों और अहसासों पर प्रश्नचिह्न लगा दिये हैं। इसकी मोल-तोल की तराजू का दूर-दूर तक कोई सम्बन्ध सामाजिक या नैतिक मूल्यों से नहीं होता। इसकी भाषा, रीति-रिवाज़, नियम, काम-काज कब बाज़ारी होते हैं। आर्थिक नुक़सान-फ़ायदे के घेरों में घूमती यह नयी संस्कृति आज जीवन के हर क्षेत्र में प्रवेश कर चुकी है। राजनीति, धर्म, साहित्य, रिश्ते-नाते, शिक्षा सब इसी शतरंज के छोटे-बड़े मोहरे हैं। एक ज़माने में (यू.एस.एस.आर. के खण्डन से पहले) अमेरिका की खुफ़िया एजेंसी सीआईए, इस तरह काम करती थी कि उससे जुड़े कार्यकर्ताओं को भी यह मालूम नहीं पड़ता था कि वे उसके लिए काम कर रहे हैं। यही हाल आज के समाज का है। यह बाज़ार कैसे-कैसे और कहाँ-कहाँ तक फैल चुका है इसकी जानकारी न उनको है जो इसके प्रभाव में हैं न उनको है जो इसके फैलाव में सहायक हैं। इस बाज़ारी सभ्यता के निशान छोटे स्थानों में कहीं-कहीं लेकिन बड़ी होती बस्तियों में हर कहीं दिखाई देते हैं। मेरा सम्बन्ध मध्य प्रदेश के एक छोटे नगर ग्वालियर से है। एक-दूसरे के दुख-सुख में शरीक होना, वहाँ का मिज़ाज था। एक घर की खुशी, कई-कई घरों में दिनों नाचती-गाती थी, इसी तरह एक मकान की ग़मी एक साथ बहुत से घरों को रुलाती थी। स्टेशनों या बस अड्डों पर खड़े ताँगे वाले, दो-तीन नस्लों के बाद भी मुसाफ़िरों के मकानों या उनके रिश्तेदारों के ठिकानों को जानते थे। घर पहुँचने से पहले, यात्रियों को रास्तों में ही न अपने घर की, बल्कि और भी घरों की ख़बरें मिल जाती थीं। जब कोई नया घर बनवाता था,

तो उसमें स्वयं के आराम की सुविधा ही नहीं, बहुत से दूसरों का भी ख़याल रखा जाता था। इसमें मेहमानों के ठहरने को मेहमानख़ाना भी होता था। जानवरों की प्यास के लिए पत्थर की नाँद भी गढ़वाई जाती थी। परिन्दों के लिए छत पर छत्री भी लगाई जाती थी। हर घर के नक़्शे में ये सारी चीज़ें ज़रूरी समझी जाती थीं। बच्चों की मुस्कुराहटों में सबकी हिस्सेदारी होती थी। बुज़ुर्गों के आदर-सत्कार में सबकी रिश्तेदारी होती थी।

*दुख में नीर बहा देते थे सुख में हँसने लगते थे*
*सीधे-सादे लोग थे लेकिन कितने अच्छे लगते थे*

यह उन दिनों का ग्वालियर था, जब मैंने इसे छोड़ा था। अब वहाँ भी रास्तों में भीड़ की रेलपेल ने नयी-नयी कालोनियों में बने फ़्लैटों से दालान और आँगन छीन लिए हैं। छोटे होते घरों ने, दिलों को भी छोटा कर दिया है। अब न छतों पर कबूतरों की छत्रियाँ नज़र आती हैं और न प्यासे पशुओं के लिए पानी की नाँदें रखी जाती हैं। मेहमान अब भगवान नहीं होता, उसके आने से मेज़बान परेशान होता है। अब न मुँडेरों पर आकर कव्वे आने वालों का पैग़ाम सुनाते हैं, न पीपल और नीम मौसम के स्वागत में लहलहाते हैं और घरों के बुज़ुर्ग, घरों के बेकार सामान की तरह हर जगह बिखरे-बिखरे नज़र आते हैं। तब्दील होती ये छोटी बस्तियाँ, आहिस्ता-आहिस्ता उसी ओर जा रही हैं, जहाँ मुम्बई, चेन्नई और दिल्ली पहुँच चुकी हैं। फैलते हुए बाज़ार की सबसे बड़ी ताक़त पब्लिसिटी है। पब्लिसिटी झूठ को सच और सच को झूठ बनाने के लिए एक मशीन है। पब्लिसिटी में वज़न और विश्वास पैदा करने के लिए समाज के विभिन्न क्षेत्रों के जाने-पहचाने चेहरों का इस्तेमाल किया जाता है। क्रिकेट और फ़िल्मों के लोकप्रिय चेहरे, सड़कों की दीवारों पर लगे पोस्टर्स, चौराहों पर टँगे होर्डिंग्स, अख़बारों और टीवी के स्क्रीन पर चलती-फिरती तस्वीरें रात-दिन इन्सानों के दिमाग़ों को व्यक्तिगत सोच से दूर करके उन्हें प्रचारित वस्तुओं की ओर आकर्षित करती रहती हैं। तिजारत में पब्लिसिटी की ज़रूरत ने इसे विश्वव्यापी इंडस्ट्री का आकार दे दिया है। इस इंड्रस्ट्री के तीन चौथाई से ज़्यादा मालिकों में अमेरिका और उसके सहयोगियों की गिनती होती है। आज कल हर शरीर पर मोटे कपड़े की काली या नीली जीन्स दिखाई देती है। मीडिया के निरन्तर प्रचार-प्रसार

ने सारे विश्व में इसे नौजवानों का प्रिय लिबास बना दिया है। बड़ी-बड़ी कम्पनियों के लेबिलों से इनकी क़ीमतें घटती-बढ़ती रहती हैं। यही मोटा, रफ़ कपड़ा, जिनसे बनी जीन्स, आजकल फ़ैशन में शामिल है, अगर तीस-चालीस साल पहले, कोई पिता अपने सुपुत्र को दिखाता या उसके लिए इसकी पैंट बनवाता तो बाप-बेटे के बीच विवाद खड़ा हो जाता। वह घर छोड़ कर जाने का ग़ुस्सा दिखाता, और पिता उसकी नाराज़गी को शान्त करने के लिए कोई दूसरा अच्छा मुलायम कपड़ा ख़रीद कर लाता...। लेकिन प्रचार-प्रसार के बाज़ार ने कल की नापसन्द को आज की पसन्द बना दिया है। और आज यह हर जगह शान से घूमती-फिरती नज़र आती है। हर छोड़ा हुआ शहर थोड़े अरसे तक जाने वाले का इन्तिज़ार करता है, लेकिन जाने वाला, जब लम्बी मुद्दत तक नहीं आता, तो शहर नाराज़ होकर शहर से बहुत दूर चला जाता है। मेरे साथ भी ऐसा हुआ। सन् 65 में ग्वालियर छोड़ के, रोटी-रोज़ी की तलाश में बम्बई गया। वहाँ चारों तरफ़ फैले हुए विशाल समन्दरों और आकाश छूते नारियल के दरख़्तों से दोस्ती करने में काफ़ी वक़्त लग गया। जब दोस्ती हो गयी तो बम्बई ने मुझे वह सब कुछ दिया जो आज मेरी पहचान है। लेकिन इसमें वक़्त का एक बड़ा हिस्सा गुज़र गया। गुज़रे हुए वक़्त के इस दर्द को मैंने एक ग़ज़ल का रूप दिया है। इसके दो शेर यूँ हैं—

*कहीं छत थी, दीवारो दर थे कहीं, मिला मुझको घर का पता देर से*
*दिया तो बहुत ज़िन्दगी ने मुझे, मगर जो दिया वह दिया देर से*

*हुआ न कोई काम मामूल से, गुज़ारे शबो रोज़ कुछ इस तरह*
*कभी चाँद चमका ग़लत वक़्त पर, कभी घर में सूरज उगा देर से*

बम्बई में जब सर पर छत आयी, और रोटी-पानी से फ़रागत पायी तो छोड़ा हुआ वह नगर याद आने लगा, जो बचपन से जवानी तक मेरे दिन-रात का साथी था। मगर मेरी लम्बी ग़ैर-हाज़िरी से नाराज़ होकर, वह वहाँ अब नहीं था। जहाँ मैं बम्बई आते समय उसे छोड़ गया था।

*घर को खोजें रात-दिन, घर से निकले पाँव*
*वो रास्ता ही खो गया, जिस रास्ते था गाँव*

मुझे भी मेरा 'गाँव' फिर नहीं मिला। मिलता भी कैसे, जिनके पास वह अपना पता-ठिकाना छोड़ के गया था उनमें कुछ बुज़ुर्ग पेड़ थे। कुछ रास्तों के मोड़ थे—

एक-दो मंज़िला इमारत की सड़क की तरफ़ खुलने वाली खिड़की थी। अब इनमें कोई भी अपने स्थान पर नहीं था। मगर वो ग्वालियर जो मैंने जिया था, वह आज भी मेरे साथ है यादों के रूप में। इन यादों के दो रूप हैं, एक वह जो मैंने देखा था या जिया था। दूसरा रूप वह था जिसके बारे में मैंने बड़ी उम्रों की ज़ुबानी सुना था, या पुस्तकों में पढ़ा था। इस देखे हुए और सुने हुए या पढ़े हुए ग्वालियर के बेशुमार चेहरे हैं। इनमें एक चेहरा साहित्य का भी है। ग्वालियर में ग़ज़ल की शुरुआत शाह मुबारक आबरू से होती है, जो मुहम्मदशाह के ज़माने के शाइर थे। वह सूफ़ी शेख़ मुहम्मद ग़ौस ग्वालियरी की औलाद थे। यह वही सूफ़ी थे जो मुग़ल सम्राट अकबर के रत्नों में एक रत्न तानसेन के भी गुरु थे। तानसेन का मज़ार आज भी, ग़ौस साहब के मज़ार के पास, भारत के संगीतकारों की आस्था का केन्द्र है। मैं जब तक वहाँ था, इमली का एक घना वृक्ष इस मज़ार पर छाँव किये हुए था। संगीत प्रेमी जब यहाँ आकर श्रद्धा के फूल चढ़ाते थे, तो एक-दो पत्तियाँ इस पेड़ से तोड़कर, मुँह में रखकर जाते थे। उनका विश्वास था कि इमली की इन पत्तियों के चबाने से आवाज़ में मिठास पैदा होगी। पता नहीं, इस श्रद्धा से कितनों को लाभ मिला, लेकिन यह हक़ीक़त है, वह पेड़ जो कभी सैकड़ों का विश्वास था अब ऊपर से नीचे तक बेलिबास है। ज़्यादा चाहत भी कभी दूसरे की मुसीबत बन जाती है। इस दरख़्त के साथ भी यही हुआ, कभी जो छतनार पेड़ था अब ऊन कटी भेड़ के समान था। कभी यहाँ बगुले और तोते टरटराते थे अब नंगी शाखों पर बैठे कौवे काँय-काँय फ़रमाते हैं। एक बार उस्ताद हाफ़िज़ अली ख़ाँ के बड़े बेटे, सरोद नवाज़ मुबारक अली ख़ाँ मेरे साथ थे। मैंने जब इस सम्बन्ध में उनसे बात की तो उन्होंने कहा, यह मज़ार का ही चमत्कार है कि कौवे जो सदियों से बेसुरे माने जाते हैं। यहाँ आकर जो काँय-काँय करते हैं, उसमें, भी लय और सुर जगमगाता है। मुबारक अली ख़ाँ, मौजूदा उस्ताद अमजद अली ख़ाँ के बड़े भाई थे। जिन दिनों मैं ग्वालियर में था उन दिनों वह एक स्थानीय संगीत कॉलेज में, संगीत की शिक्षा देते थे। वह जब भी मिलते थे, संगीत पर कम बोलते थे, अदब और साहित्य पर ज़्यादा बात करते थे। वह अक्सर कवि सम्मेलन और मुशायरों की महफ़िलें सजाते भी थे, और अपनी जेब से ख़र्च करके, उन दिनों में ग्वालियर के अच्छे कवियों और शाइरों को बुलाते भी थे।

उन दिनों के कवियों और शाइरों में प्रगतिशीलता का रुझान बहुत था। इन कवियों-शाइरों में शिवमंगल सिंह सुमन, जाँ निसार अख़्तर, मुकुट बिहारी सरोज और वीरेन्द्र मिश्र के नाम ख़ास हैं। इन्हीं के साथ उन शाइरों और कवियों के नाम थे, जो साहित्य में राजनीति के दख़ल को जायज़ नहीं समझते थे। इनमें दुआ डिबाइवी, रियाज़ ग्वालियरी, अनवर प्रतापगढ़ी और दूसरे थे। कविता लिखी भी जाती है और सुनी भी जाती है। कुछ ऐसे होते हैं जो लिखते तो अच्छा हैं मगर कविता सुनाने की कला से नावाक़िफ़ होते हैं, और इस तरह जो रचना काग़ज़ पर रिझाती है वह श्रोताओं में आकर थकी-थकी सी लगती है। जाँ निसार नरम लहजे के अच्छे रूमानी शाइर थे। उनके अक्सर शेर उन दिनों नौजवानों को काफ़ी पसन्द आते थे। कॉलेज के लड़के-लड़कियाँ अपने प्रेमपत्रों में उनका इस्तेमाल भी करते थे। जैसे–

*दूर कोई रात भर गाता रहा–तेरा मिलना मुझको याद आता रहा*

या

*छुप गया बादलों में आधा चाँद, रौशनी छन रही है शाख़ों से*
*जैसे खिड़की का एक पट खोले, झाँकता है कोई सलाख़ों से*

लेकिन अपनी मिमियाती आवाज़ में, शब्दों को इलास्टिक की तरह खींच-खींचकर जब वह सुनाते थे, तो सुनने वाले ऊबकर तालियाँ बजाने लगते थे। जाँ निसार आँखें बन्द किये अपनी धुन में पढ़े जाते थे, और श्रोता उठ-उठकर चले जाते थे। इस सन्दर्भ में सुमन जी का कोई जवाब नहीं था। वह केवल सुनाते नहीं थे, आवाज़ के उतार-चढ़ाव और आँखों और हाथों के इशारों से ऐसा माहौल बनाते थे, कि सुनने वाले, कविता से अधिक उनके ड्रामाई अन्दाज़ पर फ़िदा हो जाते थे। सुमन जी की इस ड्रामाई काव्य-प्रस्तुति के सामने अगर कोई दूसरा नाम याद आता है तो वह नाम है कैफ़ी आज़मी का। कैफ़ी आज़मी को भी कुदरत ने सुमन जी की तरह शरीर और सूरत से काफ़ी आकर्षक बनाया था। लम्बा पूरा क़द और भारी साफ़ आवाज़ के साथ इन दोनों को सुनना, उन दिनों की मेरी ख़ूबसूरत यादें हैं। कैफ़ी आज़मी, बड़े-बड़े तरन्नुम बाज़ शाइरों के होते हुए अपने पढ़ने के अन्दाज़ से मुशाइयरों पर छा जाते थे। एक बार ग्वालियर के मेला मंच से कैफ़ी साहब अपनी नज़्म सुना रहे थे–

*तुझको पहचान लिया*
*दूर से आने, जाल बिछाने वाले*

दूसरी पंक्ति में 'जाल बिछाने वाले' को पढ़ते हुए उनके एक हाथ का इशारा गेट पर खड़े पुलिस वाले की तरफ़ था। वह बेचारा सहम गया। उसी समय गेट क्रेश हुआ और बाहर की जनता झटके से अन्दर घुस आयी और पुलिसवाला डरा हुआ ख़ामोश खड़ा रहा। भीड़ के इस हल्ले को भी कैफ़ी की पाटदार आवाज़ ने मुशायरे को ख़राब नहीं करने दिया। बुज़ुर्गों की ज़ुबानी सुनी हुई, ग्वालियर की एक घटना याद आती है। नारायण प्रसाद मेहर और मुज़्तर ख़ैराबादी, ग्वालियर के दो उस्ताद शाइर थे। मेहर साहब दाग़ के शिष्य और उनके जानशीन थे। मुज़्तर साहब दाग़ के समकालीन अमीर मीनाई के शागिर्द थे। दोनों उस्तादों में अपने उस्तादों को लेकर मनमुटाव रहता था। दोनों शागिर्दों के साथ मुशायरों में आते थे, और एक-दूसरे की प्रशंसा नहीं करते...मुज़्तर के बारे में कहा जाता है, वह शेर इस तरह सुनाते थे कि शेर तस्वीर बन जाता था—मुज़्तर ने शेर सुनाया—

*ज़माना रोटियों पर फ़ातेहा मुर्दों की देता है*
*हमारे वास्ते लाया है वह शमशीर के टुकड़े*

मुज़्तर ने शेर को इस तरह पेश किया, कि मेहर साहब सारी रंजिश भूलकर शेर सुनते ही लोट-पोट हो गये और चीख़-चीख़ कर दाद देने लगे। मुशायरा ख़त्म होने के बाद जब उनके शागिर्दों ने उन्हें शेर दोबारा सुनाकर पूछा—उस्ताद इस शेर में ऐसा क्या था जो आप इतनी तारीफ़ करने लगे। मेहर साहब शेर सुनकर बोले— शेर वाक़ई बुरा है। लेकिन वह कमबख़्त इस तरह सुना रहा था कि अचानक मुझे अपनी पत्नी की याद आ गयी, जो पिछले कई दिनों से बीमार चल रही है। नारायण प्रसाद मेहर ने इस छन्द में उस मुशायरे में जो ग़ज़ल सुनाई थी उसका मतला यूँ है—

*मिले यूँ मुझको मेरे ख़्वाब की ताबीर के टुकड़े*
*मुझे भेजे हैं उसने मेरी ही तस्वीर के टुकड़े*

मुज़्तर, जाँ निसार अख़्तर के वालिद और गीतकार जावेद अख़्तर के दादा थे।

# इश्तहार

आजकल क्रिकेटर मैदान में खेल कम दिखाते हैं, बाज़ार में तेल, साबुन या साइकिल बेचते अधिक नज़र आते हैं। सनी देओल एक तरफ़ देशभक्ति का ध्वज लहराते हैं, दूसरी तरफ़ अंडरवियर और बनियान के अन्दर की बात बताते हैं। आमिर ख़ान फ़िल्म 'सरफ़रोश' में देशद्रोहियों पर बन्दूक़ चलाते हैं और टीवी स्क्रीन पर देशी पानी के विदेशी रूप को 'ठण्डा मतलब कोको कोला' कहकर पैसा कमाते हैं। अमिताभ बच्चन सर के तेल से, लिखने वाले पेन तक, हर दुकान में अपनी फ्रेंचकट दाढ़ी के साथ जगमगाते हैं।

*हुस्न वालों के तलबग़ार हैं अच्छे अच्छे*
*माल अच्छा है ख़रीदार हैं अच्छे अच्छे*

जब तेन्दुलकर हीरो होंडा, अक्षय कुमार शराब और ऐश्वर्या राय लक्स साबुन बेचेगी, तो मार्केट में ग्राहकों की भीड़ तो बढ़ेगी ही। फ़िल्म और खेल जगत के जाने-पहचाने इन चेहरों का कारोबारी महत्त्व देखकर राजनीति ने भी इन्हें इलेक्शनों में इस्तेमाल करना शुरू कर दिया है। बड़ी-बड़ी रक़में देकर, इनमें से किसी को सेक्यूलर कांग्रेसवादी बनाया जाता है, कभी किसी के माथे पर तिलक लगाकर उसे हिन्दुत्व का पाठ पढ़ाया जाता है, और कभी उसके नाम पर समाजवाद का ठप्पा लगाया जाता है और इस तरह जनता की सोच-समझ को बुझाया जाता है।

*कोई किसी की तरफ़ है कोई किसी की तरफ़*
*कहाँ है शहर में अब कोई ज़िन्दगी की तरफ़*

राजनीति, जो कभी जनसेवा का नाम थी, अब एक धन्धा बन चुकी है, और धन्धों के क़ानून-क़ायदे अपने होते हैं। यह कभी सन्त नरसिंह मेहता और गाँधी के गुजरात में हिंसा का शोर मचाती है, कभी सूफ़ी-सन्तों की राजधानी दिल्ली में गुरु नानक की बानियों को ख़ून में नहलाती है, कभी ओसामा बिन लादेन को पहले रूस के ख़िलाफ़ हथियार बनाती है, फिर उसी की खोज में अफ़ग़ानिस्तान पर बम और मिसाइल उड़ाती है। और कभी, ज़हरीले शस्त्रों की झूठी गवाहियों पर हँसते-गाते इराक़ में हर तरफ़ मौत बिछाती है। और ग़ैर-इन्सानी के इस खेल को, अमन-शान्ति की ज़रूरत ठहराती है। अमेरिका में प्रेज़िडेंट के चुनावों के दिनों में मैं वहीं था। बुश और कैरी के चुनाव-भाषण सुनकर वहाँ का पढ़ा-लिखा समाज बुश की तुलना में कैरी के तर्कों और इराक़ में अमेरिका की नीति के विरोध में, उसके मानवीय दृष्टिकोण को ज़्यादा पसन्द कर रहा था। लेकिन उन्हें शायद उस पब्लिसिटी का इल्म नहीं था जो अमेरिका के अशिक्षित समाज में (जो भारत की तरह अशिक्षित समाज से कई गुना ज़्यादा है) आहिस्ता-आहिस्ता बुश और सद्दाम हुसेन के टकराव को धर्म युद्ध बना रही थी। इस अमानवीय अमल को जब ईसाइयत और इस्लाम की जंग बना दिया गया, तो कैरी की कमज़ोर पब्लिसिटी बुश के सशक्त पैंतरों के सामने घुटने टेक गयी। जंग में मारे गये बेटों की अमेरिकी माँएँ अब आँसू बहा रही हैं, भाइयों की बहनें अपने भाइयों के ग़म में चिल्ला रही हैं, जवान सुहागिनें अपनी बेसहारा तन्हाइयों को रुला रही हैं और वाशिंगटन की सफ़ेद इमारत दुनिया को शान्ति और धर्मनिरपेक्षता का सबक पढ़ा रही है। मुम्बई में मेरे घर में पिछले कई वर्षों से एक मराठी महिला झाड़ू-पोछा और बर्तन साफ़ करने के लिए आती है। उसके साथ एक पाँच साल की बच्ची भी होती है, जो एक कोने में बैठी अपनी माँ को काम करते देखती रहती है। वह भी कुछ साल बाद अपनी माँ की भाँति, ढाई सौ-तीन सौ रुपये मासिक पर किसी दूसरे घर में झाड़ू-पोछा किया करेगी। मेरे घर में काम करने वाली शिवसेना प्रमुख बाल ठाकरे की प्रशंसक है। एक दिन जब वह वोट देकर आयी तो मैंने पूछा, किस पार्टी को वोट दिया। उसने कहा बाला साहब की पार्टी शिवसेना को...मैंने पूछा शिवसेना ही क्यों? इसलिए कि वह मराठी लोगों की पार्टी है।

उस बेचारी को क्या मालूम, उसकी और उसकी बड़ी होती बेटी की पगार वही ढाई सौ-तीन सौ से आगे नहीं बढ़ेगी, और मुम्बई, शिवाजी-मराठा का आकर्षक नारा चार सौ बीस करोड़ रुपयों में कोहेनूर मिल का सौदा तय करेगा। अकबर इलाहाबादी का शेर थोड़ा-सा बदलकर—

*क़ौम के ग़म में डिनर खाते हैं वे जाम के साथ*
*रंज लीडर को बहुत है मगर आराम के साथ*

आज की संस्कृति दुकानों की संस्कृति है। दुकानें चलाने वालों का अपना सम्बन्ध किसी धर्म-विशेष, भाषा क्षेत्र से नहीं होता। इन दुकानों पर लगे बोर्ड बाज़ार की मार्केटिंग के हिसाब से तैयार किये जाते हैं। इनमें न कोई साम्प्रदायिक है न सेक्यूलर, सब दुकानदार हैं। और इनके अपने-अपने ब्राड्स के संरक्षक प्रचार-प्रसार है। हिन्दू, मुस्लिम, सिख, ईसाई मतभेदों में जनता को उलझाया जाता है और इन उलझावों से धन्धा चलाया जाता है। ऑस्कर वाइल्ड ने कहा था, लोकप्रिय होने के लिए छोटे ज़ेहन की ज़रूरत होती है। मैं इसमें इतना जोड़ना चाहूँगा, छोटे ज़ेहन को लोकप्रिय बनने के लिए बड़ी पब्लिसिटी की आवश्यकता होती है।

*मिलता कहाँ है अपने मकानों में अब ख़ुदा*
*शायद दिखाई दे वह किसी इश्तहार में*

# दिलीप कुमार

दिलीप कुमार उर्फ़ यूसुफ ख़ान, राज कपूर, देव आनन्द और राजकुमार के ज़माने में ट्रेजिडी किंग कहे जाते थे। हालाँकि उनकी वे फ़िल्में भी कम अहम नहीं हैं जिनमें वह हँसते, मुस्कुराते और शरारतें करते नज़र आते हैं। उनके समकालीनों में सिर्फ़ राजकुमार ही ऐसे अभिनेता थे, जो स्क्रीन पर शेर इस तरह सुनाते थे कि मुश्किल से मुश्किल लफ़्ज़ों वाले शेर पर भी सिनेमा हॉल में लोग तालियाँ बजाते थे। फ़िल्म 'बुलन्दी' में डायरेक्टर इस्माइल श्रॉफ़ ने उनसे डॉक्टर इक़बाल का एक शेर पढ़वाया था। शेर था—

*ख़ुदी को कर बुलन्द इतना कि हर तक़दीर से पहले*
*ख़ुदा बन्दे से ख़ुद पूछे बता तेरी रज़ा क्या है...*

पार्टीशन के बाद भारत में फ़ारसी और अरबी की जगह भाषा में इलाक़ाई ज़ुबानों के लफ़्ज़ों से तालमेल ज़्यादा बढ़ा है। दिलीप कुमार और पृथ्वीराज की मुग़ले आजम की ज़ुबान अब फ़िल्मों के संवादों में नज़र नहीं आती। साहिर लुधियानवी ने फ़िल्मों की ज़ुबान में इसी तब्दीली के कारण संग्रह में शामिल एक नज़्म को जब फ़िल्म 'प्यासा' का एक गीत बनाया तो किताब में नज़्म की लाइन 'सना ख़्वाने तक़दीसे मश्रिक कहाँ है' (पश्चिम की पवित्रता के प्रशंसक) को 'जिन्हें नाज़ है हिन्द पर वो कहाँ है' से बदल दिया। फ़िल्म कला के साथ एक कारोबार भी है और हर कारोबार का पहला उसूल ज़्यादा से ज़्यादा लोगों तक पहुँचना होता है। कारोबार का सम्बन्ध धार्मिक सीमाओं या भाषा-विवाद की रेखाओं से नहीं होता। समाज कैसे बदलता है, वह इस पर नहीं सोचता, समाज में किस समय क्या चलता है, वह इसको खोजता है। राजकुमार अस्थमा के मरीज़ थे।

मरज़ की इस मजबूरी को उन्होंने डायलॉग अदायगी का स्टाइल बना लिया था। वह हर वाक्य को चबा-चबा कर और अपनी तरह से तोड़-तोड़ कर बोलते हैं। उनके दर्शकों को उनका यह स्टाइल पसन्द भी आता था। यही वजह थी कि 'ख़ुदी' और 'रज़ा' जैसे कठिन लफ़्ज़ों के होते हुए भी, फ़िल्म में इक़बाल के शेर पर भी उन्होंने तालियाँ बजवा लीं। फ़िल्म की लोकप्रियता ने इस शेर को भी लोकप्रिय बना दिया है। अब यह आम बोलचाल में भी नज़र आता है और लोकसभा में भी बोला जाता है। एक बार ममता बैनर्जी ने, जब अपने बंगाली लहजे में, ख़ुदी के 'ख' के नीचे की और रज़ा के 'ज' के नीचे की बिन्दियाँ निकालकर जब लोकसभा में इसे दोहराया तो तालियों के शोर से पूरा हॉल गूँज उठा था। राजकुमार की तरह दिलीप साहब का भी अपना बोलने का तरीक़ा है। रुक-रुक कर माथे पर एक साथ कई बल उभार कर, लफ़्ज़ों को आवाज़ के उतार-चढ़ाव से सँवार कर, जुमलों के बीच में थोड़ी-थोड़ी ख़ामोशियों को उतारकर वह अपने देखने और सुनने वालों को दीवाना बना देते थे। राजकुमार की तुलना में स्क्रीन पर तो उन्होंने बहुत कम शेर पढ़े हैं। लेकिन घरेलू महफ़िलों और मुशायरों के स्टेज पर उन्हें शेर सुनाते अक्सर सुना है। बम्बई के एक मुशायरे की शुरुआत तो उन्हीं की पढ़ी हुई ग़ज़ल से हुई। उस ग़ज़ल के दो शेर आज भी ज़हन में हैं।

*इस शान से वह आज पए-इम्तहाँ चले*
*फ़ितनों ने पाँव चूम के पूछा कहाँ चले*

*जब मैं चलूँ तो साया भी मेरा न साथ दे*
*जब वह चलें ज़मीन चले आसमाँ चले*

दिलीप साहब की शुरू की तालीम उर्दू के अंजुमन हाईस्कूल बम्बई में हुई है। उन्हें उर्दू शाइरी से लगाव भी है। जोश, नज़ीर अकबराबादी, दाग़ और फ़ैज़ उनके पसन्दीदा शाइर हैं, जिनकी नज़्में और ग़ज़लें वह बारहा स्टेज से सुनाते नज़र आते हैं। और सुनाने से पहले शाइर का नाम भी ज़रूर बताते हैं, लेकिन बम्बई के उस मुशायरे में जलील मानकपुरी की ग़ज़ल फ़ैज़ के नाम से सुना गये। दूसरे दिन हर भाषा के अख़बारों में फ़ैज़ साहब ने जो लिखा नहीं था वह उनके नाम से जुड़ गया, और जलील मानकपुरी जिनके संकलन में यह ग़ज़ल मौजूद है वह इस रचना से हाथ धो बैठे।

जलील मानकपुरी दाग़ देहलवी के समकालीन थे और दाग़ के बाद नवाब हैदराबाद के उस्ताद भी बनाये गये थे। जलील के एक बेटे मुशताक जलीली मुम्बई में फ़िल्म राइटर थे। कई फ़िल्मों के संवाद और पटकथा उन्हीं की क़लम का नतीजा है। अख़बारों में जब उन्होंने अपने वालिद के साथ यह नाइन्साफ़ी देखी तो बहुत ग़ुस्से में आये लेकिन कुछ नहीं कर पाये, क्योंकि दिलीप साहब की शोहरत के मुक़ाबले में, मुश्ताक जलीली की फ़िल्मी हैसियत कम थी, इसलिए वह अपने बाप के साथ की गयी नाइन्साफ़ी को इन्साफ़ में नहीं बदलवा सके। अदब में ऐसी नाइन्साफ़ियों की कई मिसालें मिलती हैं। कभी किसी बड़ी घटना से किसी का शेर ऐसा चिपक जाता है कि इतिहास में वह इसी तरह के ग़लत नाम से जुड़ जाता है। इसकी एक मिसाल आज़ादी की लड़ाई के क्रान्तिकारी रामप्रसाद बिस्मिल हैं। उन्हें देशप्रेम के अपराध में अंग्रेज़ हुकूमत ने फाँसी दी थी। फाँसी का फन्दा गर्दन में डालने से पहले उन्होंने अंग्रेज़ राज को ललकारते हुए एक शेर पढ़ा था—

*सरफ़रोशी की तमन्ना अब हमारे दिल में है*
*देखना है ज़ोर कितना बाज़ु-ए-क़ातिल में है।*

और यह पिछले कई वर्षों से उन्हीं के नाम से मशहूर है। रामप्रसाद भी शाइर थे। बिस्मिल उनका तख़ल्लुस था, लेकिन यह मतला उनका नहीं है। इसके शाइर का नाम बिस्मिल अज़ीमाबादी था। इसी ग़ज़ल का एक और शेर यूँ है—

*वक़्त आने पर बता देंगे तुझे ए आसमा*
*हम अभी से क्या बताएँ क्या हमारे दिल में है*

बिस्मिल अज़ीमाबादी की यह ग़ज़ल पहली बार जिस अख़बार में छपी थी उसकी कॉपी कलकत्ता की नेशनल लाइब्रेरी में महफ़ूज़ है। ग़ज़ल के प्रतीक, बिम्ब और ख़याल परम्परागत शाइरी जैसे हैं, लेकिन रामप्रसाद जी की ट्रेजिडी ने इन प्रतीकों, बिम्बों और शब्दों को नये मानी पहना दिये। अब इनका अर्थ वह नहीं है जो शाइर के ख़याल में था। ऐसे बहुत से शेर हैं जो होते हैं किसी के लेकिन उन्हें शोहरत मिलती है किसी और नाम से। बहुत से शेर ऐसे भी होते हैं जो बोलचाल में तो शामिल होते हैं,

लेकिन वे हक़ीक़त में किसकी क़लम का नतीजा है, यह मालूम नहीं होता। जाँ निसार अख़्तर अच्छे शाइर और कई फ़िल्मों के नग़मा निगार थे। उनके आख़िरी फ़िल्म कमाल अमरोही की 'रज़िया सुल्तान' थी। फ़िल्म तो कामयाब नहीं हुई मगर उनका गीत, 'ऐ दिले नादाँ...आरज़ू क्या है, जुस्तुजू क्या है' ख़ैय्याम की धुन में काफ़ी मशहूर हुआ। वह मुज़्तर ख़ैराबादी के छोटे बेटे थे। मुज़्तर का कोई दीवान नहीं छपा, लेकिन उनके शेर अक्सर लोगों की ज़बान पर हैं। काफ़ी समय पहले जाँ निसार ने एक ग़ज़ल के सम्बन्ध में, जो बहादुरशाह ज़फ़र के नाम से मन्सूब थी, उसे मुज़्तर की ग़ज़ल बताया है। ग़ज़ल का मतला है—

*न किसी की आँख का नूर हूँ, न किसी के दिल का क़रार हूँ*
*जो किसी के काम न आ सके मैं वह एक मुश्ते गुबार हूँ*

यह ग़ज़ल ज़फ़र के संकलन में नहीं है। जाँ निसार जब मुज़्तर का संग्रह तैयार कर रहे थे तो उन्हें मुज़्तर की डायरी में यह ग़ज़ल मिली थी। लेकिन इसके बावजूद पढ़नेवाले ग़ज़ल के मिज़ाज को ज़फ़र के इतिहास से जब जोड़ कर देखते हैं तो उन्हें इसमें आख़िरी मुग़ल की हिकायत नज़र आती है और यह मुज़्तर की होती हुई ज़फ़र के नाम से मशहूर है।

# राज कपूर

मेरा एक शेर है–

*इक मुसाफ़िर के सफ़र जैसी है सबकी दुनिया*
*कोई जल्दी में कोई देर से जाने वाला*

ज़िन्दगी की तरह मौत भी संसार की एक हक़ीक़त है। महात्मा बुद्ध से एक बार एक माँ मिलने आयी, जिसका बेटा मर चुका था। वह महात्मा से पुत्र को जीवित करने का अनुरोध कर रही थी। बुद्ध ने कहा, माई यह असम्भव उसी समय सम्भव होगा जब तू ऐसे किसी घर से आग लायेगी, जिसमें कभी कोई मौत नहीं हुई हो। बुद्ध की बात सुनकर वह स्त्री कई घरों में गयी, फिर थक-हार कर बैठ गयी। उसे सब्र आ गया था। उसने मौत के यथार्थ को स्वीकार कर लिया था। जिगर मुरादाबादी ने दूसरी तरह इस हक़ीक़त को कुबूल किया था। उनकी एक ग़ज़ल का मतला है–

*बना बना के जो दुनिया मिटाई जाती है*
*ज़रूर इसमें कमी कोई पायी जाती है*

हर व्यक्ति स्वयं अतीत बन जाने तक अपने बीते हुए को जीता है...यादों के रूप में, माँ की गोद से क़ब्र या श्मशान की आग तक के इस छोटे से रास्ते में आदमी की नज़र से बहुत कुछ गुज़रता है लेकिन इस देखे हुए बहुत कुछ में से वही कुछ याद बन पाता है जो भीड़ में भीड़ न बनकर थोड़ा-सा अलग नज़र आता है। फ़िल्म अभिनेता, निर्देशक, राज कपूर मेरी ऐसी ही यादों में एक हैं। उनसे मेरी पहली मुलाक़ात बम्बई में खार में मेरे फ़्लैट में टेलीफ़ोन पर हुई थी। इस फ़ोन काल की छोटी-सी कहानी है...मैं दिन के वक़्त एक दिन लोकल ट्रेन से चर्च गेट के एक साहित्यिक फंक्शन में जा रहा था।

लोकल के उस डिब्बे में, एक-दो फ़िल्म से सम्बन्धित लोग भी थे। वे मुझे देखकर, मेरे क़रीब आये। जब उन्होंने अपना परिचय दिया, तो मैंने अपनी मज़ाक़ की आदत के मुताबिक़ अपने पास बैठे हुए व्यक्ति का परिचय पाकिस्तान के मशहूर शाइर अहमद फ़राज़ कह कर करा दिया। उनमें से एक जो शाइरी से थोड़ी दिलचस्पी रखता था मेरे परिचित कराये सज्जन से बहुत टूट कर मिला। वह रास्ते भर उसे अहमद फ़राज़ मानकर बातें करता रहा और मेरे साथ बैठे हुए हज़रत अपनी भूमिका किसी मँजे हुए अभिनेता की तरह निभाते रहे। बम्बई सेंट्रल के स्टेशन पर वह उतर गया। उन दिनों बम्बई सेंट्रल के क़रीब ताड़ देव में कई फ़िल्मों के ऑफ़िस हुआ करते थे। जाते वक़्त निहायत एहतिराम के साथ, वह मेरे बनाये हुए फ़राज़ से मिल कर गया था। अपने पसन्दीदा शाइर से मिलने की ख़ुशी को, वह जहाँ-जहाँ गया, नयी ख़बर की तरह बाँटता रहा। एक मुँह से दूसरे मुँह, दूसरे से तीसरे मुँह से गुज़रती हुई यह ख़बर, चेम्बूर में बने राज कपूर स्टूडियो पहुँची और वहाँ से उसी स्टूडियो के अन्दर उस कॉटेज में पहुँच गयी, जहाँ राज साहब आराम भी करते थे और काम भी करते थे। उनसे मिलने के लिए जो आते थे वह फ़र्श और गावतकियों से सजे इसी कॉटेज में जाते थे। इसी कॉटेज से जुड़ा एक किचन भी था, जहाँ से थोड़े-थोड़े समय से चाय और दूसरी खाने-पीने की चीज़ें आती रहती थीं।

दूसरे दिन की बात है, मैं खार में अपने घर में अपनी तन्हाइयों को किसी पुस्तक से बहला रहा था। अचानक टेलीफ़ोन की घंटी बजी। समय ढाई बजे का था। मेरे हेलो कहने के जवाब में कई फ़िल्मों में सुनी हुई जानी-पहचानी आवाज़ गूँजी। यह आवाज़ निहायत तहज़ीबी अन्दाज़ में बोल रही थी...

क्या मैं निदा फ़ाज़ली साहब से बात कर सकता हूँ?

मैं बोल रहा हूँ...आप कौन साहब हैं? मैंने कहा।

जी ख़ाकसार का नाम राज कपूर है...

राज साहब का नाम सुनते ही मुझे लगा, शायद वह अपनी नयी फ़िल्म में गीत लिखवाने का ऑफ़र देने वाले हैं, लेकिन फ़ोन पर मालूम हुआ, उन्होंने मुझे फ़ोन अहमद फ़राज़ के लिए किया था। दूसरों की तरह उन्हें भी मालूम हुआ था कि पाकिस्तान के शाइर निदा फ़ाज़ली के मेहमान हैं।

मैंने जब उन्हें इस ख़बर की असलियत बतायी, तो टेलीफ़ोन रिसीवर देर तक उनके क़हक़हे से गूँजता रहा...क़हक़हे के बाद उनके अल्फ़ाज़ थे—निदा साहब मैं तो आपको संजीदा शाइर समझता था, आप तो कॉमेडी में भी माहिर हैं। मैं आपकी इस ख़ूबी का ज़रूर इस्तेमाल करूँगा, और उन्होंने जब अपने बैनर पर 'बीवी ओ बीवी' का ऐलान किया तो इस वायदे को पूरा भी किया...इसी फ़िल्म के सिलसिले में जब उनसे मुलाक़ात हुई तो टेलीफ़ोन पर सुनी आवाज़, चेहरा और शरीर बन चुकी थी। यह चेहरा और शरीर उस राज कपूर से मुख़्तलिफ़ थे, जो 'आवारा', 'संगम', 'मेरा नाम जोकर', 'जागते रहो' आदि में हीरो की भूमिकाओं में नज़र आते थे। अब वह भरे हुए चेहरे और भारी होते जिस्म से राज कपूर कम, पृथ्वी राज ज़्यादा नज़र आते थे। फ़िल्म 'बीवी ओ बीवी' में संजीव कुमार और रणधीर कपूर मुख्य भूमिका में थे और संगीत आर. डी. बर्मन ने दिया। इस फ़िल्म के पहले गीत की रिकॉर्डिंग थी। गीत मैं लिख चुका था। संगीत अरेंज हो चुका था। आर. डी. के म्यूज़िक रूम में फ़ाइनल रिहर्सल पूरी तैयारी में था। फ़िल्म के डायरेक्टर रवेल और रणधीर कपूर बैठे थे। गीत की धुन और बोल सब पसन्द कर चुके थे। पंचम का म्यूज़िक रूम उन दिनों सान्ताक्रूज में दूसरी मंज़िल पर था। साज़ खनखना रहे थे, पंचम गीत गा रहे थे। रणधीर प्रशंसा में सिर हिला रहे थे, कि अचानक लिफ़्ट के खुलने की आवाज़ आयी, और सबने देखा एक हाथ में भेलपूरी की पूरी थामे, और मुँह में भेल चबाते हुए राज साहब आ रहे हैं। उन्हें देखकर सब खड़े हो गये। वह मुस्कुराते हुए जहाँ मैं बैठा था उसके सामने बैठ गये। रिहर्सल फिर से शुरू हूई। राज साहब की आँखों और गर्दन के इशारों से लगता था उन्हें गीत पसन्द है। साज़ों की आवाज़ ख़ामोश होने के बाद...उन्होंने कहा भी...जी बहुत अच्छा है। धुन भी ख़ूब है, फिर मुझे अपने पास बुलाकर पूछा, आपको सिचुएशन किसने सुनाई थी। मैंने रणधीर कपूर की तरफ़ इशारा किया। उन्होंने सिर हिलाया और कहा—अगर कल आपको फ़ुर्सत हो तो चेम्बूर में हमारी कुटिया में आकर हमसे भी सिचुएशन सुन लीजिए, पंचम समझ चुके थे कि कल गीत रिकॉर्ड नहीं हो सकता। उन्होंने मुझे अकेले में बताया, अगर तुम कल राज साहब के कॉटेज जाकर उनसे गीत का सब्जेक्ट सुनकर वहीं इसी धुन

पर गीत लिख दोगे तो रिकॉर्डिंग होगी। नहीं तो नहीं होगी...मैं दूसरे दिन राज साहब के सामने था। पहले वह अपने अतीत और छोड़े हुए पेशावर की बातें करते रहे फिर अचानक बोले–There is a girl and a girl, there was a girl and a boy, there will be a girl, and a boy... and that is the whole life....अंग्रेज़ी के इन जुमलों के बाद बोले–जी बस इसी ख़याल को गीत बनाना है। धुन मेरे ज़ेहन में थी। दिमाग़ भी थोड़ा काम कर रहा था...मैंने फ़ौरन उन्हें मुखड़ा बनाकर सुनाया–

*सदियों से दुनिया में–यह ही तो क़िस्सा है*
*एक ही तो लड़की है–एक ही तो लड़का है*
*जब भी ये, मिल गये, प्यार हो गया*

बोल उन्हें पसन्द आये और इसे आर. डी. ने रिकॉर्ड किया।

# फ़िराक़ गोरखपुरी

फ़िराक़ का नाम आते ही ग़ालिब याद आ जाते हैं। ग़ालिब अपने युग में आने वाले कई युगों के शाइर थे। अपने युग में उन्हें उतना नहीं समझा गया जितना बाद के युगों में पहचाना गया। हर बड़े दिमाग़ की तरह वह भी अपने समकालीनों की आँखों से ओझल रहे। भारतीय इतिहास में वह पहले शाइर थे, जिन्होंने सुनी-सुनाई की जगह अपनी देखी-दिखाई को शाइरी का मैयार बनाया, देखी-दिखाई से सन्त कवि कबीरदास का नाम ज़ेहन में आता है, तू कहता कागद की लेखी, मैं कहता आँखन की देखी, लेकिन कबीर की आँखन देखी और ग़ालिब की देखी-दिखाई में थोड़ा अन्तर भी है। कबीर सर पर आसमान रखकर धरती वालों से लड़ते थे और आख़िरी मुग़ल के दौर के मिर्ज़ा ग़ालिब दोनों से झगड़ते थे। इसीलिए सुनने और पढ़ने वाले उनसे नाराज़ रहते थे। लाल क़िले के एक मुशायरे में, ख़ुद उनके सामने उन पर व्यंग्य किया गया—

*कलामे 'मीर' समझे या कलामे 'मीरज़ा' समझे*
*मगर इनका कहा यह आप समझें या ख़ुदा समझे*

मीर और मिर्ज़ा से व्यंग्यकार की मुराद ग़ालिब से पहले के शाइर मीर तक़ी मीर और मिर्ज़ा मुहम्मद रफ़ी सौदा से थी। ग़ालिब को इस व्यंग्य ने परेशान नहीं किया। उन्होंने इसके जवाब में ऐलान किया—

*न सताइश (प्रशंसा) की तमन्ना, न सिले की परवाह*
*गर नहीं हैं मेरे अशआर में मानी (अर्थ) न सही*

मिर्ज़ा ग़ालिब का यह आत्मविश्वास उनकी महानता की पहचान है, ग़ालिब की तरह रघुपति सहाय फ़िराक़ भी अपने ज़माने में आलोचना का निशाना बने, लेकिन वह अपनी डगर से नहीं डिगे, उन्होंने वही लिखा जो

भोगा और जिया और अपने आलोचकों को अपने जीवन काल में यूँ जवाब दिया था–

*आने वाली नस्लें तुम पर रश्क करेंगी हमअसरों (समकालीन)*
*जब यह ध्यान आयेगा उनको तुमने फ़िराक़ को देखा है*

मैं उन चन्द खुशक़िस्मतों में हूँ जिन्होंने फ़िराक़ साहब को देखा भी था, उनके साथ मुशायरा भी पढ़ा था और उन्हें बोलते हुए सुना भी था। फ़िराक़ के आत्मविश्वास से फूटी यह भविष्यवाणी कितनी सच थी, इसका अहसास आज मेरी तरह उन सबको है जो अतीत में इस क़ीमती तजुर्बे से गुज़र चुके हैं। फ़िराक़ की शाइरी पर बहुत कुछ लिखा जा चुका है। उनकी ग़ज़लों के बारे में अब कुछ कहना, पहले से लिखी-लिखाई बातों को दोहराने जैसा होगा। सिर्फ़ इतना ज़रूर कहा जा सकता है, कि ग़ालिब और मीर के बाद, अगर कोई तीसरा नाम लिया जा सकता है, वह उर्दू शाइरी में फ़िराक़ का नाम होगा। उनकी इस अज़मत का राज़ उस रिश्ते से है, जो गोरखपुर के एक कामयाब वकील मुंशी गोरख प्रसाद के घर पैदा होने के कारण, उन्हें विरासत में मिला था। इस विरासत का नाम वह भारत था, जो पाँच हज़ार साल की तहज़ीब से अमीर था। इस अमीरी का ज़िक्र स्वामी रामतीर्थ ने अपनी एक कविता में यूँ किया है–

*हिन्दुस्तान की विशाल धरती मेरा शरीर है*
*मेरे पाँव रासकुमारी की घाटी है*

*मेरा सर हिमालय की बुलन्द चोटी है*
*मेरी जटाओं से गंगा उतरती है*

*मेरे सर ब्रह्मपुत्र फूटती है*
*मेरी बाँहें तमाम विश्व को समेटे हैं*

*मेरा प्रेम असीम है*
*मैं शंकर हूँ*
*मैं शिव हूँ–*

फ़िराक़ ने पहली बार इस अज़ीम विरासत को अपने शब्दों की अज़मत बनाया है, और हुस्नो इश्क़ की दुनिया में नये ज़मीन-आसमान को दर्शाया है।

फ़िराक़ गोरखपुरी 1896 में पैदा हुए। तालीम इलाहाबाद में पूरी की, कुछ साल पण्डित जवाहरलाल नेहरू के साथ काम किया। जेल भी गये, बाद में इलाहाबाद यूनिवर्सिटी के स्टाफ़ में शरीक हुए और यहीं से 1959 में रिटायर होकर निराला जी के नगर इलाहाबाद के इतिहास का हिस्सा बन गये।

*आह यह मज्म-ए-एहबाब (मित्रों की संगत) यह बज़्मे ख़ामोश*
*आज महफ़िल में फ़िराक़े सुख़न-आरा भी नहीं*

1896 से 1982 तक की इस जीवन-यात्रा को फ़िराक़ ने अपने पैरों से चलकर अपनी आँखों से देखकर पूरा किया। अपनी ज़िन्दगी को उन्होंने अपनी शर्तों पर जिया। इन शर्तों के कारण वह परेशान भी रहे, इन आये दिनों की परेशानियों ने उनकी रातों की नींदें छीन लीं, परिवार होते हुए अकेला रहने पर मजबूर किया। एक मुसलसल तनहाई को उनका मुक़द्दर बना दिया लेकिन इन सबके बावजूद वह ज़िन्दगी जीते रहे और हक़ीक़तों में ख़्वाबों के रंग भरते रहे। फ़िराक़ साहब को इश्क़ और मुहब्बत का शाइर कहा जाता है...लेकिन इश्क़ और मुहब्बत के शाइर की ज़िन्दगी में इन्हीं की सबसे ज़्यादा कमी थी। फ़िराक़ ने इस कमी या अभाव को अपनी शाइरी की ताक़त बनाया है और वह कर दिखाया है जो आज भारतीय साहित्य का सरमाया है।

फ़िराक़ साहब सोचते हुए दिमाग़ के आदमी थे। ऐसे आदमी की उलझनों की संख्या जितनी कम होती है उतनी ही बढ़ती रहती है। फिर यूँ होता है आदमी को इन उलझनों के साथ रहने की आदत पड़ जाती है। फ़िराक़ ने इन उलझनों को, जो अक्सर उनके मिज़ाज और जीने के अन्दाज़ की देन थी, ज़िन्दगी का हिस्सा समझकर क़ुबूल कर लिया था—इस क़ुबूलियत की वजह से उनकी शाइरी उन ऊँचाइयों को छूती नज़र आती है जो सूफ़ी की आँख और आशिक़ के दिल के मिलाप से जगमगाती है। फ़िराक़ साहब ने अपनी इन ज़हनी उलझनों के बारे में ख़ुद लिखा है।

"18 बरस की उम्र में मेरी शादी कर दी गयी, मेरी बीवी की शक्लो सूरत वही थी, जो उन लोगों की थी, जिनसे मैं बचपन में भी दूर रहता था। वह अनपढ़ थी। इस शादी ने मेरी ज़िन्दगी को एक ज़िन्दा मौत बनाकर रख दिया।"

फ़िराक़ साहब ने जो लिखा है वह कहाँ तक सच है यह तो नहीं बताया जा सकता, परन्तु यह हक़ीक़त है कि वह जिन बेटियों और बेटे के पिता थे वे सब उन्हीं से जन्मे थे जिन्होंने उनकी ज़िन्दगी को 'ज़िन्दा मौत' बनाकर रख दिया था। फ़िराक़ साहब बड़े शाइर थे लेकिन निजी जीवन में उनके विचार पुरुष-प्रधान समाज की ग्रन्थियों से मुक्त नहीं थे...शायद उनकी इसी कमज़ोरी ने, उनकी ग़ज़लों और रुबाइयों में वह स्त्री रूप उभारा है जो उनसे पहले उर्दू शाइरी में इतनी नरमी और सौन्दर्य के साथ कहीं नज़र नहीं आता है। फ़िराक़ दिमाग़ से भले ही अपने समय के बन्दी हों मगर अपने शाइर-दिल के लिहाज़ से उन मूल्यों के पुजारी थे, जो समय के साथ नहीं बदलते। फ़िराक़ का कारनामा यह है कि उन्होंने अपनी शाइरी में दिल पर दिमाग़ को कभी हावी नहीं होने दिया। ग़ालिब ने बीवी होते हुए एक डोमनी को अपनाया और फिराक़ ने पत्नी को छोड़कर ख़्वाब सजाया—लेकिन दोनों की निजी कमज़ोरियों ने उनकी शाइरी को नुक़सान नहीं पहुँचाया—फ़िराक़ की यही हुनरमन्दी उनके बड़े होने की अलामत है।

*ज़िन्दगी में जो इक कमी सी है*
*यह ज़रा सी कमी बहुत है मियाँ।*

# मुहब्बत

एक होती है पत्नी, एक होती है प्रेमिका। दोनों में 'प' अक्षर की समानता है। लेकिन पत्नी के 'प' में 'र' का जुड़ाव नहीं होता। शुरू में शायद होता हो, जो विवाह के बाद नज़र नहीं आता। अक्सर प्रेमी पति-पत्नी बनने के बाद प्रेमी नहीं रहते। ख़रीदी हुई जायदाद की तरह दोनों एक-दूसरे के मालिक हो जाते हैं। दोनों एक-दूसरे की क़ानूनी जायदाद होते हैं, जिसमें तीसरे का दाख़िला वर्जित होता है। समाज में भी, अदालतों में भी और नैतिकता के ग्रन्थों में भी। वह आकर्षण जो शादी से पहले एक-दूसरे के प्रति नज़र आता है, वह कई बार के पहने हुए वस्त्रों की तरह, बाद में मद्धिम पड़ता जाता है। मानव के इस मनोविज्ञान से हर घर में शिकायत रहती है। कभी-कभी यह शिकायत मुसीबत भी बन जाती है। दूरियों से पैदा होने वाला रोमांस जब नज़दीकियों के घेरे में आकर हक़ीक़त का रूप धारण कर लेता है तो रिश्तों से सारी चमक-दमक उतार लेता है। फिर न पति आकाश से धरती पर आया उपहार होता है और न पत्नी का प्यार ख़ुदाई चमत्कार होता है...! मेरी एक ग़ज़ल का शेर है—

*देखा था जिसे मैंने कोई और था शायद*
*वो कौन है, जिससे तेरी सूरत नहीं मिलती...*

हिन्दी कथाकार शानी की एक कहानी है। शीर्षक है 'आँखें'। इसमें ऐसे ही एक प्रेम विवाह में फैलती एकरस्त को विषय बनाया गया है। दोनों पति-पत्नी बासी होते रिश्ते को ताज़ा रखने के लिए कई कोशिशें करते हैं। कभी सोने का कमरा बदलते हैं, कभी एक-दूसरे के लिए गिफ़्ट लाते हैं। कभी आधी रात के बाद चलने वाली अंग्रेज़ी फ़िल्मों की सीडी चलाते हैं...मगर फिर वही बोरियत...अन्त में कथा दोनों को एक पब्लिक पार्क में ले जाती है।

दोनों आमने-सामने मौन से बैठे रहते हैं। इस उकताहट को कम करने को पति सिगरेट लेने जाता मगर जब वापस आता है, तो उसे यह देखकर हैरत होती है, कि पत्नी से ज़रा दूर बैठा एक अजनबी उसकी पत्नी को उन्हीं चमकती आँखों से देख रहा होता है, जिनसे विवाह पूर्व वह कभी उस समय की होने वाली पत्नी को निहारता था। अर्थशास्त्र का एक नियम है—वस्तु की प्राप्ति के बाद वस्तु की क़ीमत लगातार घटती जाती है। प्यास में पानी का जो महत्त्व होता है, प्यास बुझने के पश्चात वही पानी में उतनी कशिश नहीं रखता...मेरी एक कविता है—

*पहले वह रंग थी*
*फिर रूप बनी*
*रूप से जिस्म में तब्दील हुई*
*और फिर...*
*जिस्म से बिस्तर बन के*
*घर के कोने में लगी रहती है*
*जिसको कमरे में घुटा सन्नाटा*
*वक़्त-बेवक़्त उठा लेता है*
*खोल लेता है बिछा लेता है।*

बूढ़े ग़ालिब के युग के जवान शाइर दाग़ देहलवी थे। उनके पिता नवाब शम्सुद्दीन ने अपनी बन्दूक़ से देश प्रेम में, ईस्ट इंडिया कम्पनी के एक अधिकारी को उड़ा दिया था। नवाब साहब को फाँसी दी गयी और उनकी पत्नी अपने पाँच साल के बेटे को, रामपुर में अपनी बहन के हवाले करके, जान बचाने के लिए इधर-उधर भागती रहीं। जहाँ उन्हें मदद मिली वहाँ इसकी क़ीमत उन्हें अपने शरीर से चुकानी पड़ी। जिसके नतीजे में दाग़ के एक भाई और बहन अंग्रेज़ नस्ल से भी हुए। यह अभागिन महिला आख़िर में, आख़िरी मुग़ल सम्राट के होने वाले जानशीन मिर्ज़ा फ़ख़रु के निकाह में आयी। यह 1857 से पहले का इतिहास है। महल में आने के बाद माँ को रामपुर में छोड़े हुए बेटे की याद आयी और क़िस्मत, बदक़िस्मत बेटे को रामपुर से लाल क़िले में ले आयी। 1857 से एक साल पहले मिर्ज़ा फ़ख़रु का देहान्त हुआ और उसके बाद माँ और बेटा दोनों फिर से बेघर हो गये।

दाग़ उस वक़्त 23-24 वर्ष के थे। वह शाइर बन चुके थे। मशहूर हो चुके थे। शाइरी ने उस समय के रामपुर नवाब को उन पर मेहरबान बनाया और उन्होंने फिर से घर-बार बसाया...रामपुर में हर साल एक मेला लगता था जिसमें देश की नशहूर तवायफ़ें (वेश्याएँ) अपने गायन और नृत्य का प्रदर्शन करती थीं। उन तवायफ़ों में एक नवाब साहब के भाई की मंजूरे नज़र थी (प्रेमिका)। दाग़ का दिल उसी पर आ गया। उनका नाम था मुन्नी बाई हिजाब। दिल की दीवानगी में अक़्ल शामिल नहीं होती। इस दीवानगी में वह घर से बेघर भी हो सकते थे। जान भी ख़तरे में पड़ सकती थी। लेकिन मुहब्बत की दीवानगी, पत्नी के मना करने के बावजूद उनसे नवाब साहब के नाम एक ख़त लिखवा देती है। ख़त में लिखा गया था नवाब साहब आपको ख़ुदा ने हर ख़ुशी से नवाज़ा है, मगर मेरे लिए सिर्फ़ एक ही ख़ुशी है और वह है मुन्नी बाई...नवाब, दाग़ की शाइरी के प्रशंसक थे...उन्होंने मुन्नी बाई के द्वारा ही उत्तर भेजा। उत्तर में लिखा था—दाग़ साहब हमें आपकी ग़ज़ल से ज़्यादा मुन्नी बाई अज़ीज़ नहीं है। मुन्नी बाई दाग़ साहब की प्रेमिका के रूप में उनके साथ रहने लगीं। लेकिन जब मन में धन का प्रवेश हुआ तो मन बेचारा बनजारा बन गया और मुन्नी बाई उन्हें छोड़ के चली गयी। दाग़ का शेर है—

*तू जो हरजाई है अपना भी यही तौर सही*
*तू नहीं और सही और नहीं, और सही...*

यूरोप में रिश्तों की इस उकताहट को कौन जुगल 'बोरडम' कहते हैं। पति-पत्नी के सम्बन्ध की इस तब्दीली ने ही कोठों या तवायफ़ की संस्कृति को जन्म दिया था। कुछ साल पहले तक पत्नी के होते हुए किसी वेश्या से सम्बन्ध रखने को बुरा नहीं समझा जाता था। इस्मत चुग़ताई ने इस परम्परा के विरोध में 'लिहाफ़' नामक कहानी लिखी, जिसमें पत्नी का एकान्त उसे लेसबियन बना देता है। देश-विदेश की जितनी भी बड़ी प्रेम कथाएँ हैं, जिन पर महान काव्यों की रचना हुई है, उनमें कोई कथा पति-पत्नी के पात्रों में नज़र नहीं आती, हीर-राँझा हो, लैला-मजनूँ हो, सोहनी-मेहवाल हो या शीरीं- फ़रहाद हो, इन सबका अन्त मिलन पर नहीं वियोग पर होता है। मुग़ल शासन काल में केवल दो अपवाद नज़र आते हैं।

एक जहाँगीर और नूरजहाँ का प्यार और दूसरा ख़ुर्रम और अरजुमन्द बानो का प्रेम, लेकिन जहाँगीर और उसके सुपुत्र शाहजहाँ के इश्क़ में एक अन्तर भी है। नूरजहाँ शेरे अफ़गान की पत्नी थी जो बाद में जहाँगीर की मलिका बनी। नूरजहाँ से जहाँगीर की कोई सन्तान भी नहीं है। ख़ुर्रम (जो बाद में शाह बनकर शाहजहाँ के नाम से जाना जाता है) और अरजुमन्द (जो बाद में मुमताज़ महल बनी) का इश्क़ भी पति-पत्नी का इश्क़ है, लेकिन वह शाहजहाँ के 13 बच्चों की माँ बनकर भी बरक़रार रहा था। यह प्रेम संसार का एक अजूबा है। मुमताज़ महल का निधन चौदहवें बच्चे के जन्म के समय हुआ था। वह बुरहानपुर में मरी थीं। वहीं उन्हें दफ़्न भी किया गया था। लेकिन मरी हुई मुमताज़ से शाहजहाँ की मुहब्बत को मौत भी ख़त्म नहीं कर पायी। वह मुमताज़ की क़ब्र को भी अपने क़रीब ही रखना चाहता था। इसीलिए उसे बुरहानपुर में उसकी क़ब्र से निकलवाकर जमना के शान्त किनारे ताजमहल में दोबारा सुलाया गया। औरंगज़ेब ने जब शाहजहाँ को क़ैद कर दिया था तो वह कैदख़ाने की एक खिड़की से मुमताज़ के ताजमहल को ही देखा करता था। शाहजहाँ और मुमताज़ जैसी मुहब्बत की आज हमारे संसार को ज़्यादा ज़रूरत है।

# चिनू मोदी

ग़ज़ल केवल एक काव्य विधा नहीं है, यह उस कल्चर को परिभाषित करती है जो गतिशील है और जो पल-पल बदलता रहता है। विश्व साहित्य में यह एकमात्र अकेली विधा है, जो महात्मा बुद्ध की मूर्ति की तरह जहाँ भी आती है अपने रूप-रंग, नैन-नक्श से वहीं की बन जाती है। ऐतिहासिक दृष्टि से यह विधा पहले अरब के रेगिस्तानों में इठलाई, वहाँ से चलकर ईरान के गुलिस्तानों में लहराई, और फिर भारत के मैदानों में आयी। भारत में इसकी आमद के हल्के गहरे निशानात तो पहले भी मिल जाते हैं, लेकिन हिन्दुस्तानी ज़ुबान में इसके पूरे दीदार अलाउद्दीन ख़िलजी के दौर में चिश्तिया सिलसिले के सूफ़ी हज़रत निज़ामुद्दीन की ख़ानख़ाह में होते हैं। वहाँ सूफ़ी निज़ामुद्दीन के ही शागिर्द अमीर ख़ुसरो से जब उसकी मुलाक़ात होती है तो उसके हुस्न और कशिश ने उन्हें उसका गिरफ़्तार कर दिया। ख़ुसरो की आँखों ने देखा ग़ज़ल की पेशानी पर ज़ोरस्टर का नूर था, दिल में गीता थी, हाथों में क़ुर्आन था और उसका नाम आज के संविधान की तरह सेक्यूलर हिन्दुस्तान था। यह ग़ज़ल अपनी चाल से रिन्दाना, जमाल से आशिक़ाना और कमाल से सूफ़ियाना रही है। उसकी यही इन्सानियत ही उसकी मक़बूलियत की ज़मानत है। ग़ज़ल अब सिर्फ़ एक ज़ुबान तक महदूद नहीं है...वह देश की हर भाषा की अपनी हो चुकी है। हर भाषा में उसका अलग अहसास है, हर लिखावट में उसकी अपनी आस है, हर बोलचाल में उसकी मुख़्तलिफ़ प्यास है, लेकिन उसका बुनियादी मिज़ाज हर जगह इन्सानी है, नूरानी है, रूहानी है। चिनू मोदी गुजराती भाषा के मशहूर और मुमताज़ शाइर हैं। उनका शुमार गुजराती के उन चन्द शाइरों में होता है जिनकी रचनाओं ने, ग़ज़ल को गुजराती भाषा के अन्दाज़ से हमआवाज़ किया है। उनसे पहले की ग़ज़ल जो मरीज़, बरकत, शैदा वग़ैरा

के नामों से जानी-पहचानी जाती थी और जो महफ़िलों में महफ़िलों की रौनक़ बढ़ाती थी। उसी विरासत को अपनी बुनियाद बनाती थी, जो दाग़ देहलवी और अमीर मीनाई की ग़ज़ल कहलाती थी। मरीज़ को, गुजराती समाज में भले ही गुजरात का ग़ालिब कहा जाता हो लेकिन उनकी ग़ज़ल अपनी फ़िक्र और इज़हार के लिहाज़ से मिर्ज़ा ग़ालिब के बजाय उर्दू शाइरी के उस दौर के क़रीब नज़र आती है, जो कोठों, शराबख़ानों और क़व्वालियों की महफ़िलों में जगमगाती है। मीर और ग़ालिब ज़िन्दगी के एतबार के शाइर थे, जबकि दाग़ और अमीर बाज़ार के कारोबार थे...चीनू मोदी ने अपने दूसरों हमसफ़रों के साथ ग़ज़ल के विषय और अभिव्यक्ति के नये ज़मीन और आसमान ही तलाश नहीं किये...इस तलाश की यात्रा को उन मंज़रों से भी सजाने की कोशिश की, जो गुजराती भाषा के मिज़ाज का रिवाज़ था। इस ग़ज़ल में प्रतीक, बिम्ब उन क़दमों से जुड़कर चलते नज़र आते हैं जो जीवन के विरोधाभासों से टकराते हैं और आदमी को इन्सानियत का आईना दिखाते हैं। गुजराती भाषा में ग़ज़ल को गुजराती बनाकर, कई संकलनों के द्वारा अपनी मौलिकता दर्शा कर, अब वह चिनू मोदी के साथ इरशाद लगाकर उर्दू की तरफ़ आये है।

उर्दू में उन्होंने अपनी ग़ज़लों की किताब का नाम 'इरशादनामा' रखा है। चीनू की किताब का नाम देखकर इटली के एक फ़िल्म निर्देशक की बात याद आती है। उसने अपनी रचनात्मकता के सम्बन्ध में कहा था, हर कला ऐसे ही आत्मकथात्मक होती है जैसे मोती अपनी सीप का कथानक होता है। इसमें यादों, सपनों, कल्पना और ख़्वाहिशें ऐसे मिली-जुली होती हैं कि एक को दूसरे से अलग करना कठिन होगा।

चिनू मोदी ने इरशाद बनकर उर्दू के शब्दों में उसी आत्मकथा को दोहराया है, जिसे उन्होंने एक व्यक्ति के रूप में जिया और जीकर क़लम के हवाले किया है। उनकी यह आत्मकथा तीन स्तरों पर उनके शेरों में चलती-फिरती नज़र आती है। इसका एक स्तर ख़ुदा है, तो दूसरा इर्द-गिर्द फैली मौत है और इसका तीसरा हिस्सा वह व्यक्ति है जो दोनों के साथ जीने को मजबूर है, लेकिन इस मजबूरी के वह ख़्वाहिशें और सपने भी हैं जो कभी उसका साथ नहीं छोड़ते। यही बहुआयामी कश्मकश इन ग़ज़लों की पहचान कराती है जो उर्दू में जगह-जगह नयेपन का अहसास दिलाती है। शब्दों के जुड़ाव की ताज़ाकारी, इनकी दर्द मन्दाना लयकारी और समाज

में रहते हुए समाज को दूर से देखने की फ़नकारी इन ग़ज़लों की विशेषताएँ हैं। इरशादनामा का एक शेर है—

*साँस लपेटो जल्दी-जल्दी सामाँ पैक करो*
*प्लेटफ़ॉर्म पर आयी गाड़ी सीटी बजाती है*

इस शेर को पढ़ते हुए मुझे दाग़ की ग़ज़ल का एक शेर याद आता है—

*होशो-हवासो ताबो-तवाँ दाग़ जा चुके*
*अब हम भी जाने वाले हैं सामान तो गया*

दोनों शेरों में बात एक सी है, लेकिन कहन और शब्दों के चुनाव में समय का वह अन्तराल साफ़ दिखाई देता है जो आज के शाइर और 19वीं सदी में हैदराबाद नें बूढ़े होते दाग़ के ज़माने में था। साँसों को जल्दी-जल्दी लपेटना, सामान को पैक करना, प्लेटफ़ॉर्म पर गाड़ी का आना और फिर उसका सीटी बजाना...इन नये लफ़्ज़ों से जो इशारे फूटते हैं वे चिनू को 21वीं सदी का शाइर बनाते हैं। इरशादनामे से कुछ और शेर जो उर्दू के होते हुए उर्दू के आम मिज़ाज से जुदा हैं और इनसे वह विस्मय फूटता नज़र आता है जो हर सच्चे आर्ट की पहली शर्त है।

*भर समन्दर पी जाने को मछली की औकात कहाँ*
*टूटता देखा सितारा तो परिन्दा रो पड़ा था*
*मन्दिरों नें मस्जिदों में वह मुझे ही ढूँढ़ता था*
*बेलगाम घोड़ों की हिनहिनाती आवाज़ें*
*रतजगे मुसाफ़िर की नींद को कुचलते हैं*
*आपसे वादा रहा इरशाद का—मैं मिलूँगा नेक दिल इन्सान से*
*कब धड़कना छोड़ देगा क्या पता—अब घड़ी चाबी से वाबिस्ता नहीं*
*बेदिल हो और क़ातिल हो और अल्लाह-अल्लाह करते हो*
*जल्लादो के कासिद हो और अल्लाह-अल्लाह करते हो*

चिनू मोदी इरशाद की ग़ज़ल में दो भाषाओं के मिलाप ने जो फ़िज़ा साज़ी की है, वह उस उर्दू में कम-कम ही नज़र आती है, जिसकी विरासत, लोक अमानत से महरूम है। मैं उर्दू दुनिया में इरशाद और उनकी ग़ज़ल का इस्तक़बाल करता हूँ।

# अनिल शर्मा दरवेश

यह उन दिनों की बात है, जब मज़हब की बुनियाद पर मुल्क तो तक़सीम हो गया था लेकिन ज़ुबानें हिन्दू-मुस्लिम नहीं बनी थीं। सर शंकर शाद की ज़ुबान भी वही थी, जिसमें अली सिकन्दर जिग शेर फ़रमाते थे, और रघुपति सहाय फ़िराक़ उर्दू ग़ज़ल को नयी बुलन्दियों पर पहुँचाते थे। उन दिनों दिल्ली में हर साल एक मुशायरा दिल्ली क्लॉथ मिल्स की तरफ़ से, सर शंकर की याद में होता था। इस मुशायरे की शुरुआत में दो ग़ज़लें पढ़ी जाती थीं—एक तरन्नुम में, दूसरी तहत में। ये ग़ज़लें दिल्ली क्लॉथ मिल्स के संस्थापक शंकर और शाद की होती थीं। अपनी विरासत की हिफ़ाज़त की यह रिवायत, हर साल दोहराई जाती थी। जो ग़ज़ल तरन्नुम से सुनाई जाती थी, उस ख़ूबसूरत आवाज़ का नाम था अनिल शर्मा। उस समय वह सिर्फ़ सुन्दर आवाज़ वाले अनिल शर्मा थे। अब वह अनिल दरवेश बन गये हैं, दरवेश फ़ारसी भाषा का लफ़्ज़ है। इसका अर्थ होता है ईश्वर की लगन में फ़क़ीराना ज़िन्दगी गुज़ारने वाला। अनिल रिवाज़ से नहीं अपने मिज़ाज से फ़क़ीर हैं—मिज़ाज की यह फ़क़ीरी उनकी विरासत है जिसकी हिफ़ाज़त वह अपने शब्दों से कर रहे हैं। अनिल ने अपने पिता के बारे में लिखा है—

'छल कपट से दूर अपने आप को ख़ुदा के ध्यान में गुम करना उनको अच्छा लगता था।'

आगे उन्होंने लिखा—जब तक वह ज़िन्दा रहे मेरी उनसे कम ही बनी... उनकी वफ़ात के बाद ही मैंने अपने को उनके ज़्यादा क़रीब पाया।

इन लफ़्ज़ों में लेखक ने बहुत ख़ूबसूरती से ज़हानत और विरासत के आदिकाल से चले आ रहे टकराव को बेनक़ाब किया है। हर बेटे की ज़हानत, उस बग़ावत से झाँकती है, जो वह अपनी जवानी के आँगन में

अपने वालिद से करता है, लेकिन बाद में मालूम होता है, जिससे बग़ावत की जाती है वह बाहर के आकार में नहीं होता...ख़ून में शामिल संस्कार में होता है। उम्र के साथ शुरू की ज़हानत सर झुकाती चली जाती है और विरासत सर उठाती चली जाती है। अनिल दरवेश ने भी अपने एक शेर में इसका ऐतिराफ किया है—

*चाहा तो बहुत था मैं तुझे भूल के जिऊँ*
*यादों को तेरी आज तक ढोना पड़ा मुझे*

अनिल ने क़ुदरत की इस सदियों पुरानी फ़ितरत के अमल को 'ढोना' जैसे शब्द से ज़ाहिर किया है, लेकिन इस हक़ीक़त से इनकार मुमकिन नहीं कि नदी कहीं की हो, कहीं से भी गुज़रे...उसे जाना उसी तरफ़ है जो उसकी अस्ल है जो उसका सागर है...नदी सागर में मिल के स्वयं सागर बन जाती है और सागर ही सबसे बड़ी हक़ीक़त है—इस हक़ीक़त को कुछ जल्दी स्वीकारते हैं, कुछ इस स्वीकार्य में थोड़ी देर लगाते हैं।

आज के अनिल दरवेश, आज की भेदभाव की सियासत के दौर में उसी विरासत के साथ ज़िन्दगी जी रहे हैं, जिसमें रूहानियत है, शराफ़त है, फ़ितरत है, इन्सानियत है और जो उनके जिस्म में फैली रगों और नसों में ख़ून की हरारत है। संस्कारों की यही वह दौलत है जो उनकी रचनाओं की जीवन्त है—मिर्ज़ा ग़ालिब का एक मशहूर शेर है—

*बस कि दुश्वार है हर काम का आसाँ होना*
*आदमी को भी मयस्सर नहीं इन्साँ होना*

आदमी और इन्सान का फ़र्क़, भारतीय साहित्य में पहली बार ग़ालिब ने ही दर्शाया है। आदमी सब होते हैं, लेकिन आदमी से इन्सान बनने की सआदत कोई-कोई ही हासिल कर पाता है, जो कर पाता है वह शर्मा से दरवेश बन जाता है। आदमी से इन्सान बनने की यात्रा के बाद ही शब्द शब्दों से रिश्ता तोड़ के शाइर के बन पाते हैं। अनिल के शेर हैं—

*रात का पिछला पहर और आँख में है इन्तज़ार*
*एक है उम्मीद अब भी, मैं अभी सोया नहीं...*

न सोना और न सो पाने का अहसास दो अलग रवैये हैं। अनिल कलाकार हैं उनके शब्द इस अहसास के पासदार हैं और यही उनकी क़लम का मैयार भी है। उनके कुछ शेर हाज़िर हैं—

*आस्माँ तकता, मैं देर तक*
*और तारे दास्ताँ सब कह गये*

*दिल बहुत नाशाद था हम क्या कहें*
*इक ग़ज़ल कहनी थी और हम कह गये*

अनिल दरवेश एक महान विरासत, अच्छी संगत और इन दोनों से बनी उस दौलत के मालिक हैं, जो जाब्तो-कायदों की दुनिया में अपनी एक आज़ाद दुनिया बनाने के हक़ में है। उनकी शाइरी ज़िन्दगी में वह पाकीज़गी तलाश करती नज़र आती है जो तहज़ीब के बाज़ारीपन में कभी-कभी और कहीं-कहीं ही दिखाई देती है। वह अपनी ज़ुबान के बारे में बताते हैं।

*दिल्ली ने अदा दी मुझे, ग़ालिब ने सँवारा*
*इक़बाल के लफ़्ज़ों ने मुझे ख़ूब निखारा*
*जोशो-फ़िराक़ो फ़ैज़ की मैं एक पहेली*
*उर्दू है मेरा नाम मैं ख़ुसरो की सहेली*

मैं इतनी अजीम दौलत के दौलतमन्द अनिल दरवेश को उनके पहले संग्रह पर मुबारकबाद देता हूँ।

# हरि मृदुल

हरि मृदुल भरे-पूरे इन्सान हैं। वह महानगर में रहते हुए महानगरीय नहीं हुए हैं। ऐसा शहर जो अच्छे-अच्छों को अकेला कर देता है, उनके छोड़े हुए पहाड़, वहाँ के मौसम, वहाँ का घुघुति (कबूतर जैसा पंछी, वहाँ के न्यौली, आमा (दादी), वहाँ का गाँव बगोटी को उनसे अभी तक छीन नहीं पाया है। ये सब उनके रात-दिन के साथी हैं। कई वर्षों से मुम्बई में होने के बावजूद उनका हरा-भरा बगोटी उनके होंठों से मुस्कुराता है, उनकी आवाज़ में झिलमिलाता है, उनकी आँखों में जगमगाता है, और भाग-दौड़ के जीवन को फलाँग कर जब भी कोई फुरसत का पल उनके क़रीब आता है, तो सारा बिखरा हुआ बगोटी जुड़कर उनकी कविता बन जाता है। हरि मृदुल का बगोटी उनका नॉस्टेल्जिया नहीं है, वह उन मानवीय मूल्यों का साफ़ शफ़्फ़ाफ रूप है, जो राजनीति की रेलपेल और बाज़ार में विज्ञापनों के खेल में कहीं गुम हो गया है। इसी गुम होते रूप के आईने में उन्हें जैसा नज़र आया है उन्होंने वैसा दिखाया है और सफ़ेदी में छुपा काला दर्शाया है।

'सफ़ेदी में छुपा काला' के कवि की छोटी-बड़ी कविताओं से गुज़रते हुए मुझे 20वीं सदी की प्रारम्भिक दहाइयों के अंग्रेज़ी भाषा के कवि ऑडिन का एक वाक्य याद आता है। उसने कहा था "हर कवि के अन्दर कोई गाँव छुपा होता है।" ऑडिन का 'गाँव' भी अपने युग को नापने का पैमाना था। इसी पैमाने के उपयोग से उसे मालूम हुआ था—लन्दन हमारा मुल्क...जिसमें कोई भी स्वस्थ नहीं। यह विश्व युद्ध के बाद के लन्दन की तस्वीर थी। हरि मृदुल ऑडिन के देहान्त (1957) के 12 वर्षों बाद ग्राम बगोटी में (1969) जन्मे। लेकिन समय के इतने बड़े फ़ासले के बाद भी उन्हें जो देश जीने को मिला, उसमें भी आम जीवन ऑडिन के लन्दन की भाँति बीमार ही दिखाई दिया।

उनके काव्य-संसार में जो आम जीवन अभिव्यक्त हुआ है वह समाज के उस वर्ग का प्रतिनिधित्व करता है जिसे आम आदमी कहते हैं। इस आम आदमी की आँखों से देखी हुई दुनिया की झलकियाँ 'सफ़ेदी में छुपा काला' में इस प्रकार हैं–

*बलवाइयों की भीड़*
*न जाने कहाँ से सामने आ गयी*
*और मैं देखते ही देखते दंगे की*
*भेंट चढ़ गया*

(शवासन)

*उसे हीरोइन का दुख देखकर ग्लिसरीन की एक बड़ी सी*
*शीशी याद आयी*
*हीरो की बहादुरी देखकर नक़ली बन्दूक़*

(स्पॉट ब्वॉय)

*बहरों से हैं लोग प्रभावित*
*बहरों से हैं लोग भयभीत*
*बहरे बहुत-बहुत ख़ुश कि*
*उनकी स्थिति काफ़ी मज़बूत*

यह साधारण जन यानी, आदमी, कोई दूसरा नहीं वह स्वयं हैं। कर्म और धर्म के इस जुड़ाव ने न केवल उनके शब्दों को सहज बनाया है, नयी पीढ़ी की पीर को अपने अनुभव की चिंगारियों से जगमग भी किया है। इनमें बौद्धिक आधुनिकता की जगह वह रवानी है जो नदी के पानी में होती है। वह विस्मय है जो बच्चों की घूमती आँखों से झाँकता है, वह सादगी है जो पंछियों की उड़ानों में होती है। इन कविताओं में शब्द और विचार के मिलन में लोक गीतों जैसा रचाव, सजाव और बहाव के दर्शन होते हैं, जो आज के काव्य क्षेत्र में कहीं-कहीं और कभी-कभी ही दिखाई देता है। हरि मृदुल ने सोचे हुए से ज़्यादा अपने जिये हुए पर भरोसा किया है। इस रवैये ने इन कविताओं का आँगन भी बड़ा किया है, और इन्हें उन दूरियों से भी दूर रखा है जो काव्य-रसिकों को काव्य से अलग करने का जाना-बूझा छल करती हैं।

इनमें सम्प्रेषण का सौन्दर्य है परन्तु रचनात्मकता के समझौते के बग़ैर इनमें काव्यात्मकता भी है मगर ड्राइंगरूम में बन्दी हुए बग़ैर...सफ़ेदी में छुपा काला की कविताओं में अभिव्यक्ति के नये-नये प्रयोग मिलते हैं। एक कविता (ये वे दिन हैं) में दोहा या ग़ज़ल के शेर जैसी तकनीक का इस्तेमाल किया गया है। कविता का पहला हिस्सा यूँ है—

*कुछ समय पहले खिंचाई*
*अपने फ़ोटो से*
*अपना चेहरा मिला रहा हूँ*
*बार-बार शीशा देखकर*

इस पहले हिस्से में जो बात कही गयी है वह अपने अन्दर कम्पलीट है, लेकिन इन पंक्तियों के बाद जो लाइनें आती हैं उनके और प्रथम पंक्तियों के बीच में थोड़ी सी वह ख़ाली जगह है जो पाठक को खुद भरनी होती है...

*ये वे दिन हैं कि*
*चन्द रोज़ पहले चुनाव निबटे हैं*
*चन्द रोज़ बाद दीवाली आनेवाली है*

कविता के इन दोनों भागों के मिलने से, चकमक के पत्थरों की तरह जो चिनगारी उभरती है, उसमें कविता छुपी है। इस तकनीक से कविता में एक अन्दरूनी फैलाव पैदा होता है, जो विचार को नये आयाम देता है। इसी प्रकार की एक और छोटी कविता में एक मामूली से वस्तु से ग़ैर-मामूली बात को अंकित किया गया है—

*छेद गिने थे परसों छह*
*आज मिले छत्तीस*
*हतप्रभ हूँ*
*एक ही दिन में*
*कैसे हो गये तीस*

यहाँ तक भी एक बात पूरी हो जाती है लेकिन इसमें जब आगे की पंक्तियाँ जुड़ जाती हैं तो फिर से वह चिनगारी उड़ती है जो कविता को कहीं से कहीं ले जाती है—

*तो पहनी है जो यह बनियान*
*रिस रहा यहीं से यह जीवन*

बनियान के छेदों से रिस रहे जीवन के पीछे, स्ट्रगल की एक लम्बी कथा को उस रिक्त स्थान में छोड़ दिया गया है जो कविता पढ़नेवाले को भरना पड़ता है...

हरि मृदुल ने ऐसे अनेक प्रयोगों से अपनी कविताओं को बनाया है, और इस तरह सपाटबयानी में काव्यात्मकता को जगाया है। इन कविताओं में जिस आदमी को प्रदर्शित किया गया है, उसके चित्रण में उन्होंने उन्हीं रंगों और वस्तुओं का उपयोग किया है जो आँखों से देखे हुए और पैरों से जाने हुए हैं। इनमें प्रतीक, बिम्ब, संकेत तथा शब्द, कबीर के शब्द संसार की याद दिलाते हैं, और जो, बाद में नागार्जुन और धूमिल की रचनाओं में जादू जगाते हैं। हरि मृदुल का लोक संस्कृति से जुड़ाव भी इस रूप को उभारने में सहायक हुआ है।

हरि मृदुल के रचना-संसार के केन्द्र में जो दृष्टि उभरती है वह उन्हें उस क़बीले से जोड़ती, है जो समाज की तीन चौथाई से बड़ा हिस्सा है। इस हिस्से में न अध्यात्म की भूलभुलैया हैं, न खोखली मानवीयता है। यह सड़क, पानी, रौशनी, अनाज की ओर दौड़ता हुआ वह इन्सान है, जो आज का सच्चा हिन्दुस्तान है। इटली के फ़िल्म निर्देशक, फ्रेडेरीका फैलिनी ने कहा था, हर कला आत्मकथात्मक होती है उसी तरह जैसे मोती अपनी सीप का भीतरी रूप होता है।

हरि मृदुल की सोच की बुनियादों में वह वातावरण झाँकता नज़र आता है जो उनसे दूर होकर भी उनके साथ सोता-जागता है...और यही बम्बई के रास्तों में उनके साथ चलता और भागता है। वह एक साथ एक अस्तित्व में दो जीवन जी रहे हैं—एक वह जो उनसे छूट कर उनके साथ है, दूसरा वह जो पास होकर भी उनसे दूर है। इन दोनों का होशमन्द टकराव उनका रचना-संसार है।

# नाड़ा (इज़ारबन्द)

इतिहास, राजाओं और बादशाहों की हार-जीतों का नहीं होता, उन छोटी-बड़ी वस्तुओं से भी बनता है जो अपने समय से जुड़ी होती हैं। और समय गुज़र जाने के बाद खुद इतिहास बन जाती हैं। ये बज़ाहिर मामूली चीज़ें बहुत ग़ैर-मामूली होती हैं। इसका अहसास मुझे उस वक़्त हुआ, जब भारत के पूर्व राष्ट्रपति स्वर्गीय फ़ख़रुद्दीन अली अहमद ने मिर्ज़ा ग़ालिब की याद में एक ग़ालिब म्यूज़ियम बनवाया। दिल्ली में माता सुन्दरी कॉलेज के सामने, यह ख़ूबसूरत इमारत, जिसे एवाने ग़ालिब या ग़ालिब इंस्टीट्यूट कहा जाता है, ऐसी मामूली चीज़ों से ग़ालिब के दौर को दोहराता है। यह इमारत, जो मुग़ल इमारतसाज़ी का एक नमूना है, आख़िरी मुग़ल सम्राट के समय के शाइर मिर्ज़ा ग़ालिब के समय को उस समय के लिबासों, बर्तनों, टोपियों, पानदानों, जूतों और छोटे-बड़े ज़ेवरों से दर्शाकर, स्वर्गीय पूर्व राष्ट्रपति ने एक ऐसा इतिहास रचने की कोशिश की है जो उस इतिहास से मुख़्तलिफ़ है जो हमें स्कूल या कॉलेजों में पढ़ाया जाता है और जिसमें लिखित तलवारों, बन्दूक़ों और तोपों को हिन्दू-मुस्लिम नाम देकर आदमी को आदमी से लड़ाया जाता है और अपना-अपना वोट बैंक बनाया जाता है। इस ग़ालिब म्यूज़ियम में और बहुत-सी चीज़ों के साथ किसी दस्तकार के हाथ का बना हुआ एक इज़ारबन्द भी है। समय गतिशील है, यह एक यथार्थ है। लेकिन म्यूज़ियम में रखी पुरानी चीज़ों में समय का ठहराव भी कोई कम बड़ा यथार्थ नहीं है। देखने वाले की आँख पड़ते ही इनमें से हर वस्तु देखने वाले को अपने युग में ले जाती है, और फिर देर तक नये-नये मंज़रों को दिखाती है...ग़ालिब के रेशमीन लम्बे से इज़ारबन्द ने मेरे साथ भी कुछ ऐसा ही व्यवहार किया, दिल्ली में दरियागंज स्थित ग़ालिब म्यूज़ियम में खड़ा हुआ मैं, अचानक 2005 से निकलकर, पुरानी दिल्ली की टेढ़ी-मेढ़ी गलियों से गुज़रकर

बल्ली मारान में सहमी-सिमटी उस हवेली में पहुँच गया, जहाँ ग़ालिब आते हुए बुढ़ापे में गयी हुई जवानी का मातम कर रहे थे, और इस हवेली के बाहर अंग्रेज़ दिल्ली के गली-कूचों में 1857 का ख़ूनी रंग भर रहे थे, ग़ालिब का शेर है—

*हम कहाँ के दाना थे किस हुनर में यकता थे*
*बेसवब हुआ दुश्मन ग़ालिब आसमाँ अपना*

हवेली के बाहर के फाटक की बड़ी-सी लोहे की कुण्डी खड़खड़ाती है। ग़ालिब अन्दर से बाहर आते हैं तो सामने अंग्रेज़ सिपाहियों की एक टोली नज़र आती है। ग़ालिब के सिर पर अनोखी-सी टोपी, बदन पर कढ़ा हुआ चुगा और इसमें से झूलता हुआ ख़ूबसूरत इज़ारबन्द को देखकर टोली के सरदार ने टूटी-फूटी हिन्दुस्तानी में पूछा, अंग्रेज़ी सरदार...तुमका नाम क्या होता?

ग़ालिब—मिर्ज़ा असदुल्लाह ख़ाँ ग़ालिब उर्फ़ मिर्ज़ा नौशा।

अंग्रेज़—तुम लाल क़िला में जाता होता था?

ग़ालिब—जाता था मगर...जब बुलाया जाता था।

अंग्रेज़—क्यों जाता होता था?

ग़ालिब—अपनी शाइरी सुनाने...उनकी ग़ज़ल बनाने।

अंग्रेज़—यू मीन, तुम पोइट होता है?

ग़ालिब—होता नहीं...हूँ भी।

अंग्रेज़—तुम का रिलीजन कौन-सा होता है?

ग़ालिब आधा मुस्लिम।

अंग्रेज़—व्हाट, आधा मुस्लिम क्या होता है?

ग़ालिब— जो शराब पीता है लेकिन सूअर नहीं खाता।

ग़ालिब की मज़ाक़िया आदत ने उन्हें बचा लिया, और मैंने देखा, उस रात सोने से पहले उन्होंने अपने इज़ारबन्द में कई गाँठें लगाई थीं। ग़ालिब की आदत थी, जब रात को वह शेर सोचते थे तो लिखते नहीं थे। जब शेर मुकम्मल हो जाता था तो इज़ारबन्द में एक गाँठ लगा देते थे। सुबह जागकर इन गाँठों को खोलते जाते थे और इस तरह याद करके शेरों को डायरी में लिखते जाते थे।

*हुई मुद्दत कि ग़ालिब मर गया पर याद आता है*
*वह हरेक बात पे कहना कि यूँ होता तो क्या होता*

इज़ारबन्द से ग़ालिब का रिश्ता अजीब शाइराना था। इज़ारबन्द दो फ़ारसी शब्दों से बना हुआ एक लफ़्ज़ है। इसमें इज़ार का अर्थ पाजामा होता है—हिन्दुस्तानी में इसे कमरबन्द कहते हैं। यह इज़ारबन्द मशीन के बजाय हाथों से बनाये जाते थे। औरतों के इज़ारबन्द मर्दों से अलग होते थे। औरतों के लिए उनमें चाँदी के छोटे-छोटे घुँघरू भी होते थे और इनमें सच्चे मोती भी टाँके जाते थे। लखनऊ की चिकन, अलीगढ़ की शेरवानी, भोपाल के बटुवों, राजस्थान की चुनरी की तरह, ये इज़ारबन्द बड़े कलात्मक होते थे। ये इज़ारबन्द आज की तरह अन्दर उड़स कर छुपाये नहीं जाते थे। ये छुपाने के लिए नहीं होते थे, पुरुषों के कुरतों या लेडीज़ के ग़रारों से बाहर लटकाकर दिखाने के लिए होते थे। पुरानी शाइरी में, ख़ासतौर से नवाबी लखनऊ में प्रेमिकाओं के बाल, चूड़ियाँ, पायल, नथुनी, बुन्दों की तरह इज़ारबन्द भो सौन्दर्य के बयान में शामिल होता था। इस एक शब्द से क्लासिक पीरियड में कई मुहाविरे भी तराशे गये थे, जो उस ज़माने में इस्तेमाल होते थे। इनमें कुछ यूँ हैं। इज़ारबन्द की ढीली उस स्त्री के लिए इस्तेमाल होता है, जो चाल चलन से अच्छी न हो। मैंने इन मुहाविरों को छन्दबद्ध ऐसे किया है—

*जफ़ा है ख़ून में शामिल तो वो करेगी जफ़ा*
*इज़ारबन्द की ढील से क्या उमीदे वफ़ा*

इज़ारबन्द की सच्ची से मुराद वह औरत है जो नेक हो, वफ़ादार हो, इस मुहाविरे का शेर इस तरह है—

*अपनी तो यह दुआ है यूँ दिल की कली खिले*
*जो हो इज़ारबन्द की सच्ची वही मिले*

इज़ारबन्दी रिश्ते के मानी होते हैं, ससुराली रिश्ता—पत्नी के मैके की तरफ़ का रिश्ता...

*घरों में दूरियाँ पैदा जनाब मत कीजे*
*इज़ारबन्दी ये रिश्ता ख़राब मत कीजे*

इज़ार से बाहर होने का अर्थ होता है ग़ुस्से में होश खोना।

*पुरानी दोस्ती ऐसे न खोइये साहब*
*इज़ार से कभी बाहर न होइये साहब*

इज़ारबन्द में गिरह लगाने का मतलब होता है किसी बात को याद करने का अमल।

*निकल के ग़ैब से अश्आर जब भी आते थे*
*इज़ारबन्द में ग़ालिब गिरह लगाते थे*

ग़ालिब तो रात के सोचे हुए शेरों को दूसरे दिन याद करने के लिए इज़ारबन्द में गिरहें लगाते थे, और उन्हीं के युग के एक अवामी शाइर नज़ीर अकबराबादी, इसी इज़ारबन्द के सौन्दर्य को काव्य-विषय बनाते थे...कबीर और नज़ीर दोनों को पण्डितों तथा मौलवियों ने कभी साहित्यकार नहीं माना। कबीर अज्ञानी थे, नज़ीर नादान थे—इसलिए कि वह परम्परागत नहीं थे, अनुभवों की आँच में तपाकर शब्दों को कविता बनाते थे—नज़ीर मेले-ठेलों में घूमते थे, जीवन के हर रूप को देखकर झूमते थे। इज़ारबन्द पर उनकी कविता भाषा पर उनके अधिकार का प्रमाण है।

# इस्मत चुग़ताई

सन् 60-62 के दरनियान जब मैं समुन्दरों, नारियलों, हाजी अली और सिद्धि विनायक के नगर बम्बई आया, उस वक़्त इस्मत चुग़ताई, इस्मत चुग़ताई से इस्मत आपा बन चुकी थीं। राजेन्द्र सिंह बेदी, कृष्ण चन्दर, जाँ निसार अख़्तर, कैफ़ी आज़मी, धर्मवीर भारती, साहिर—सब उनके नाम के साथ आपा लगाते थे। उनके नाम के साथ आपा का जुड़ाव दो-तीन कारणों से था। पहला कारण उनकी उम्र थी। दूसरी वजह उनके क़लम की वह बोल्डनेस थी जो सआदत हसन मण्टो से भी एक क़दम आगे थी। मण्टो तो स्त्री-पुरुष के रिश्तों तक ही महदूद थे। इस्मत ने 'लिहाफ़' लिखकर औरतों के आपसी सम्बन्धों को भी बेनक़ाब किया। इस कहानी पर अंग्रेज़ हुकूमत के दौरान उन पर अश्लीलता का मुक़दमा भी चल चुका था। तीसरी वजह यह थी कि वह बम्बई के सारे प्रगतिशील साहित्यकारों को अपना परिवार मानती थीं, और उनके दुख-सुख में शरीक रहती थीं। वह एक जीती-जागती अदालत थीं, जिनके फ़ैसलों का सब एहतिराम करते थे।

तराशे हुए बिना चोटी के बहुत सारे काले-सफ़ेद बाल, पानों के मुसलसल इस्तेमाल से रंगी हुई बुढ़ापे की कम उम्र लाल मुस्कुराहट, पुराने चश्मे से झाँकती नयी आँखें और मेरठ की तेज़धार कैंची की तरह चलती तेज़ ज़बान, जिसमें स्त्री-पुरुष की बातचीत के दायरे हमेशा एक-दूसरे को लाँघते-फलाँगते रहते थे। उनकी शख़्सियत की ख़ास पहचानें थीं। वह जिस जगह होती थीं, बोलने का हक़ सिर्फ़ उन्हीं को होता था, जो इस अनुबन्ध को तोड़ने का साहस करता था, तो उनके किसी जुमले का ऐसे शिकार होता था कि वह कई दिनों अपनी मर्दानगी पर शक़ करता था—इस्मत आपा ने, 'मैं क्यों लिखती हूँ', नामक लेख में लिखा है—

"मुझे रोती-बिसूरती, हराम के बच्चे जनती, मातम करती औरत से नफ़रत है। बेकार की शर्मो-हया और वे सारी ख़ूबियाँ जो औरत का ज़ेवर समझी जाती हैं, मुझे लानत मालूम होती हैं।"

इस्मत आपा ने स्त्री और पुरुष की वर्षों पुरानी सीमाओं को गड्ड-मड्ड करने का जो साहित्यिक प्रयोग किया है, वह उनका एक तारीख़ी कारनामा है। वह ग़ुलाम हिन्दुस्तान में आज़ाद औरत की ज़िन्दा पहचान थीं—यूँ तो उनसे कई बार मिलना हुआ, कभी किसी गोष्ठी में कहानी सुनाते, कभी किसी साहित्यकार के घर में घरेलू झगड़ा निबटाते, कभी अपने चटखदार जुमलों से मर्दों को शरमाते, औरतों को हँसाते, कभी मुशायरों में अनूठे संचालन से श्रोताओं को गरमाते, लेकिन आख़िरी बार जब उनसे मिला था, उसकी याद दर्दनाक भी है, और हैरतनाक भी। उस वक़्त उनकी लम्बी उम्र सिमटकर वही कमसिन बच्ची बन गयी थी, जिसका ज़िक्र कभी उन्होंने यूँ किया था—

"घर में सबसे छोटी साँवले रंग की वजह से सब मुझे कल्लो के नाम से पुकारते थे। सीना-पिरोना, खाना पकाना सीखने के बजाय मैं दिन भर गुल्ली-डण्डा, कबड्डी या पेड़ों पर गिलहरी की तरह उतरने-चढ़ने में खोयी रहती थी। भाइयों के साथ छतों, मुँडेरों पर बन्दरों की तरह मुझे कूदती-उछलती देखतीं तो मुहल्ले की बड़ी बूढ़ियाँ एक-दूसरे से कहतीं, 'नोजबुवा, यह नुसरत (माँ का नाम) की लौंडिया है या मुआ बिजार तौबा।' इस्मत आपा फिर से अपना बचपन जीने लगी थीं। मैं उनसे उन्हीं पर बनने वाली एक डॉक्यूमेंट्री के सिलसिले में मिला था। वह किसी जगह निचली नहीं बैठती थीं। थोड़ी-सी बात करतीं, फिर चुप होकर ख़ाली-ख़ाली आँखों से इधर-उधर देखने लगतीं और फिर अचानक छज्जे पर उतरकर नाचने लगतीं। कभी गैलरी में रखे गमलों के फूलों और बेलों से किसी अजनबी भाषा में बात करतीं। अब वह अगला-पिछला सब भूल चुकी थीं। उनकी बातचीत अब असम्बद्ध और सुर्रियलिस्टिक हो चुकी थी। मेरे सवाल कुछ होते, उनके जवाब कुछ होते। सवाल उनकी एकल पात्रीय कहानियों के बारे में होता—जवाब में वह उस कश्मीरी शाल की कहानी सुनाने लगतीं, जो उनकी बेटी सीमा ने उन्हें आकर उस वक़्त उढ़ाई थी। वह मेरी तरफ़ देखते हुए कहने लगीं—मालूम है तुम्हें, यह शाल किसकी है? तुम क्या जानो, तुम तो ज़दीद शाइर हो,

प्रगतिशीलता के मुख़ालिफ़ (उस समय साहित्य ज़दीद और तरक़्क़ी पसन्द ख़ानों में बँटा हुआ था) फ्रांस का बादशाह एक बार मुझे जहाज़ में मिला था—गोरा सुर्ख़...मुझे देखकर वह मुस्कुराया, मैं कहाँ चूकने वाली थी। मैंने भी दाँत दिखा दिये। बस दोस्ती हो गयी। पुराना ज़माना थोड़े ही था जो दोस्ती में वर्षों लग जायें—हाँ तो उसने मेरी शाल ख़ुद ओढ़ ली और अपनी शाल मुझे पहना दी—यह उसकी मुहब्बत का तोहफ़ा है।

मैंने सवाल किया—साहित्य और राजनीति का रिश्ता किस स्तर पर कायम होना चाहिए? जवाब में वह पण्डित नेहरू से अपनी मुलाक़ात का ज़िक्र करने लगीं। पता है तुम्हें पण्डित जी से मैं कब मिली थी—उस वक़्त मैं पाँच साल की थी। मैं अपने बँगले के बाग़ में थी। मैंने एक नीम के नीचे से एक बिनौली उठाई और उससे दूसरा नीम उगा रही थी। फिर क्या देखती हूँ, दो गोरे-गोरे ख़रगोशों जैसे दो पाँव मेरे क़रीब आकर रुक गये। सर उठा कर देखा तो सामने नेहरू जी। उन्होंने मुझे काम करते देखा तो मेरा हाथ बँटाने लगे। पण्डित जी ने क्यारी में ख़ुद पानी दिया। उनका वक़्त बहुत क़ीमती था। लेकिन वह मुझसे मिलने आये...

एक और प्रश्न के बीच में वह रवीन्द्रनाथ टैगोर को ले आयीं। भई तुम्हें क्या बताऊँ वह कैसे थे। मैंने उनकी कहानियाँ पढ़ी थीं। वह भी थोड़ा बहुत मुझे जानते थे...आप उनसे कहाँ मिलीं। मैंने उनसे पूछा, कहने लगीं—मैं उनसे मिलने शान्ति निकेतन गयी। दबदब पाँव, धीरे-धीरे सीढ़ियाँ चढ़कर मैं उस कमरे में दाख़िल हुई जहाँ गुरुदेव एक पुरानी बेंत की कुर्सी पर चुपचाप बैठे थे। कमरे की ख़ामोशी में चितकबरी रौशनी फैली थी। हवा तक चुप थी। फ़र्श पर उनके पाँव चंबेली की ढेरियों से लगते थे। बहुत मुलायम और रेशमीन थे वे। उनके लम्बे-लम्बे वालों में सिर के ऊपर एक छोटी-सी चिड़िया बैठी थी। उन्होंने मुझे आते देखा तो होंठों पर उँगली रखकर मुझे रुक जाने को कहा। मैं रुक गयी, उन्हें शायद डर था कि मेरे पैरों की आहट से वह छोटी-सी चिड़िया उड़ जायेगी...लगता है मेरी कहानी लिहाफ़ में पैरों की आहटें उन्होंने सुनी थीं।

इस्मत आपा ऐसी बातें सुनकर, डायरेक्टर घबराया हुआ था। इस शूटिंग के कुछ दिन बाद ही, इस्मत आपा बच्ची से फिर बूढ़ी होकर इन्तक़ाल

कर गयीं...और पहले से लिखी उनकी वसीयत के मुताबिक़ उन्हें बम्बई के चन्दनवाड़ी के बर्की श्मशान में आग के सुपुर्द कर दिया गया। आन की आन में सब कुछ राख हो गया। एक मुट्ठी भर राख और उसी के साथ, ख़रगोशों जैसे गोरे पाँव, चंबेली के फूलों की ढेरियों जैसे पाँव, फ्रांस के गोरे सुर्ख़ बादशाह की दी हुई शाल और गुरुदेव की जटाओं में पर समेटे बैठी हुई रंगीन छोटी-सी चिड़िया, सब यादों की टेढ़ी-मेढ़ी लकीरों में तब्दील हो गया। उन असम्बद्ध आकारों की ओट में उनकी शख़्सियत के कौन-कौन से ख़ाली कोने झाँकते हैं। वे कौन-कौन सी दबी आवाज़ें थीं, जो अजीबोग़रीब खिलौने बनकर उन्हें बहला रहे थे—ये सारे रहस्य भी उनके पार्थिव शरीर की तरह आग की बन्द मुट्ठी में विलीन हो गये।

अपने चलते-फिरते गद्य, मानवीय वेदना और निडर होशियारी की वजह से वह प्रेमचन्द के बाद के दौर की कहानी की ऐतिहासिक इमारत में, कृष्ण चन्दर, बेदी, मण्टो के साथ चौथे स्तम्भ की हैसियत से आज जीवित हैं। कबीरदास की पंक्तियाँ हैं—

*करनी बिन कथनी कथे अज्ञानी दिन-रात*
*ज्यों कूकर भौकत फिरै सुनी-सुनाई बात।*

इस्मत आपा ने भी सुनी-सुनाई को रद्द करके, करनी को कथनी का हिस्सा बनाया था और इस सच से अपने लेखन में लम्बी उम्र का जादू जगाया था।

# फ़ैज़ अहमद फ़ैज़ और आँखें

फ़ैज़ अहमद फ़ैज़ की पहली किताब 'नक़्शे फ़रयादी' में एक नज़्म है—*मुझसे पहली सी मुहब्बत मेरे महबूब न माँग*...यह नज़्म जब किताब से निकलकर नूरजहाँ की आवाज़ में जगमगाई तो इसने बेपनाह शोहरत पायी। इसमें एक पंक्ति है—*तेरी आँखों के सिवा दुनिया में रक्खा क्या है।* इस पंक्ति में आँखों की तारीफ़ ने फ़िल्म 'चराग़' के निर्माता को वह आँखें याद दिला दीं, जो उसने अपनी जवानी में कभी देखी थीं, और जिन्हें वह अब तक नहीं भूल पाया था। इस फ़िल्म के गीतकार मजरूह सुल्तानपुरी थे। वह ख़ुद अच्छे अदबी शाइर थे। आज के बहुत से गीतकारों की तरह वह पेशे से ही गीतकार नहीं थे, अदब में भी बड़ा मुकाम रखते थे। वह दूसरे की लाइन लेने से इनकार करते रहे और निर्माता इसी मिसरे पर इसरार करते रहे। मजरूह ने इस लाइन के बदले में कई लाइनें लिखीं, लेकिन निर्माता के ज़ेहन में जो आँखें छुपी थीं, उसे मजरूह की कोई पंक्ति, उन जैसी नहीं लगी। लगती भी कैसे, मजरूह यूपी के सुल्तानपुर का मिज़ाज और मैयार थे और फ़िल्म के निर्माता पंजाब की हरियाली से झाँकती हुई आँखों का शिकार थे। मजबूरन उन्हें निर्माता की बात माननी पड़ी और अपनी अदबी इज़्ज़त बचाने के लिए, इस लाइन के लिए फ़ैज़ से इजाज़त लेनी पड़ी...और इसी लाइन के साथ उन्होंने मुखड़ा लिखा—

*तेरी आँखों के सिवा दुनिया में रक्खा क्या है*
*ये उठें सुब्ह चले, ये झुकें शाम ढले*
*मेरा मरना, मेरा जीना, इन्हीं पलकों के तले...*

फ़ैज़ साहब पंजाबी थे। जिन आँखों के हुस्न से उन्होंने अपनी नज़्म को सजाया था—वो आँखें लन्दन की थीं, उस ख़ूबसूरत आँखों वाली का

नाम था—एलिस कैथरीन जार्ज...जो बाद में बेगम फ़ैज़ बनकर ऐलिस फ़ैज़ हो गयीं। इन्हीं आँखों को फ़ैज़ ने एक और अच्छी नज़्म का विषय बनाया है, पंक्तियाँ हैं—

*यह धूप किनारा, शाम ढले*
*मिलते हैं दोनों वक़्त जहाँ*
*जब तेरी समन्दर आँखों में*
*इस शाम का सूरज डूबेगा...और राही अपनी राह लेगा...*

मैंने भी भारत से कई समन्दर दूर, इटली के एक शहर पालेरमू के म्यूज़ियम में दो आँखें देखी थीं—वो आँखें, जिन्हें मैंने कई साल पहले देखा था, उन्हें आज तक नहीं भूल पाया हूँ। इन आँखों के दर्शन ने मेरे जीवन का दर्शन ही बदल दिया है। वे आँखें, फ़ैज़ की नज़्म की आँखों की तरह, किसी स्त्री के चेहरे की नहीं थीं। एक प्राचीन ग्रीक के देवता जेनस की मूर्ति की थीं। इस मूर्ति की दो आँखें एक मुस्कुराती नज़र आती थी और दूसरी बिना आँसू के रोती हुई दिखाई देती थी। एक ही चेहरे में, एक साथ रोती-मुस्कुराती आँखों ने मुझे छब्बीस सौ साल पहले के उस नौजवान राजकुमार की याद दिला दी, जिसने एक दिन मीठी नींद सोयी आँखों से किसी बूढ़े चेहरे की झुर्रियाँ देखकर, जीवन का सत्य जानने को राजगद्दी को त्याग दिया था। हर सोचने वाला ज़ेहन गौतम बुद्ध नहीं बन पाता...मैं भी अपने घर में हूँ, अपने परिवार के साथ हूँ, जीवन की सुविधाओं का शिकार हूँ। लेकिन देवता की प्रतिमा से झाँकती आँखों ने जो काँटा मेरी सोच में चुभो दिया था, उसकी कसक बार-बार मेरे शब्दों से फूटती रहती है। मशहूर ग़ज़ल सिंगर जगजीत सिंह ने मेरा एक एलबम 'इन साइट' के नाम से बनाया है, उसमें ग़ज़लों और दोहों के साथ एक गीत भी है—

*जीवन क्या है—चलता-फिरता एक खिलौना है*
*दो आँखों में एक से हँसना, एक से रोना है*
*जो जी चाहे वह हो जाये कब ऐसा होता है*
*हर जीवन, जीवन जीने का समझौता होता है*
*अब तक जो होता आया है वह ही होना है...*

आँखें हमेशा से, हर युग के शाइरों और कवियों का प्रिय विषय रही हैं। लिखने वालों ने नये-नये अन्दाज़ से इन्हें अपने शब्दों से सजाया है। आँखों को नैन भी कहते हैं। 13वीं सदी के पंजाब में बाबा फ़रीद हुए हैं। बाबा फ़रीद के दोहों को पंजाबी ज़ुबान में बड़ा मरतब हासिल है। सिख धर्म के संस्थापक गुरु नानक उनके आध्यात्मिक मूल्यों से इतने प्रभावित हुए कि गुरु ग्रन्थ साहब में उनके दोहों की बड़ी संख्या शामिल की, नैनों के सम्बन्ध में उनका एक दोहा, पिछली कई सदियों से पूरे देश में मुहाविरे की तरह इस्तेमाल होता है—

*कागा सब तन खाइयो, चुनचुन खइयो मास*
*दो नैनाँ मत खाइयो, पिया मिलन की आस*

कवि बिहारी शाहजहाँ के काल में जयपुर के राजा जयसिंह मिर्ज़ा के दरबारी कवि थे। बिहारी सतसई का भारतीय साहित्य में ऐतिहासिक महत्त्व है। कहा जाता है, राजा उनके हर नये दोहे को एक अशरफ़ी से सम्मानित करते थे। रीतिकाल के इस महाकवि ने भी किसी की आँखों के आकर्षण को अपने एक दोहे का विषय बनाया है।

*कहत, नटत, रीझत, खिजत, मिलत, खिलत, लजियात*
*भरे भौन में करत है नैनन ही सो बात*

आँखों की भाषा का यह सुन्दर बयान हमारी बोलचाल की ज़ुबान की शान है। इसमें आँखों की विभिन्न बोलियों को जिस रागात्मकता के साथ अभिव्यक्त किया गया है, उसे सुनकर सबको वह आँखें याद आने लगती हैं जो हमेशा हर दिल में जगमगाती हैं।

अली सरदार जाफ़री, मुल्कराज आनन्द और सज्जाद ज़हीर के साथियों में थे। वह शाइर होने के साथ बड़े आलोचक भी थे। वह यूपी की एक छोटी नगरी बलरामपुर में जन्मे थे। वहीं जवान हुए...वहीं किसी की आँखों के बीमार हुए, वक़्त के साथ वह बलरामपुर से लखनऊ गये, वहाँ से बम्बई आये। घर बसा, अपनी पसन्द की शादी की, दो बेटों के पिता बन गये। मगर अतीत में देखी हुई उन दो आँखों की याद कभी उनसे दूर नहीं हुई। वह जब भी तन्हा होते थे उनके ज्ञानपीठ पुरस्कार, इक़बाल सम्मान,

सन्त ज्ञानेश्वर अवार्ड की ट्रॉफियों से निकलकर वे उन्हें घेर लेती थीं। उनकी नज़्म की पंक्तियाँ हैं—

*मैं लिख रहा हूँ*
*तुम्हारी आँखें— सफ़ेद काग़ज़ पे*
*अपनी पलकों से चल रही है*

हर शाइर/कवि के जीवन में कभी ऐसा समय भी आता है, जब अंग्रेज़ी शाइर शैले के कहे हुए शब्द, Language tails me (भाषा साथ नहीं देती) हू-ब-हू सच्चे लगते हैं। फ़ैज़ से लेकर सरदार जाफरी तक ने अपनी देखी हुई आँखों को निहायत सुन्दर और मुनासिब शब्द दिये हैं। मैंने भी एक देवता की आँखों पर गीत बनाया था। लेकिन दो आँखें मैंने ऐसी भी देखी हैं, जिन्हें चार साल की मुसलसल कोशिशों के बावजूद मैं अब तक काव्य रूप नहीं दे सका। कविताएँ तो कई बार लिखीं लेकिन उनमें से किसी में भी वह असर और प्रभाव नहीं पैदा हो सका, जो उनको देखकर मैंने महसूस किया था। वे आँखें एक तस्वीर की थीं, जो 2002 में किसी कैमरे ने, अहमदाबाद में उतारी थीं, वे आँखें अहमदाबाद के किसी मुहल्ले के एक मामूली दर्ज़ी की थीं। गुजरात में, गोधरा में 52 रामसेवकों के ज़िन्दा जलाये जाने के बाद, साम्प्रदायिक दंगे भड़के थे। किसी के अपराध की किसी को सज़ा देना वोट बैंक की राजनीति का पुराना उसूल है। इन आँखों का नाम कुतुबुद्दीन अंसारी था। वह इस तस्वीर में दंगाइयों से अपनी ज़िन्दगी की भीख माँगता नज़र आ रहा था। उसकी आँखें बिना आँसुओं के इस तरह रोती नज़र आ रही थी—मैं देखकर दहल गया था—इस तस्वीर की इतनी शोहरत हुई कि अंसारी का अहमदाबाद में रहना मुश्किल हो गया। वह वहाँ से निकलकर कोलकाता में अजनबी बनकर मशीन चला रहा है।

# शेख़ अयाज़

इन्सानों की दुनिया में, इन्सानों ने ईश्वर को खोज निकाला, इसलिए कि उसे एक तराजू की तरह इस्तेमाल किया जा सके। उसके माध्यम से अच्छाई-बुराई को तोला जा सके, और यह बताया जा सके कि समाज में कौन सच के रास्ते पर चल रहा है और कौन झूठ के रास्ते में बदल रहा है। ईश्वर की खोज जंगल को बस्ती बनाने के लिए ज़रूरी थी। लेकिन समय के साथ इस एक ईश्वर को कई हिस्सों में बाँट दिया गया...ईश्वर के इस बँटवारे ने सारी धरती को कई-कई टुकड़ों में बाँट दिया, और फिर वही वरदान जो इन्सान को इन्सान बनाने के लिए आकाश से ज़मीन पर उतारा गया था...अलग-अलग दुकानों में सजाकर तिजारत बना दिया गया...इस तिजारत ने वह मुसीबत फैलाई, कि सारा समाज फिर से बस्ती से निकलकर जंगल की ओर जाने लगा। भारत में विभाजन इसी ईश्वर के ग़लत इस्तेमाल का नतीजा था। जो आज़ादी से अब तक एक नासूर की तरह रिस रहा है, और न जाने कब तक यूँ ही रिसता रहेगा। पहले एक ईश्वर को कई नामों से पुकारा जाता था—कोई उसे ख़ुदा के नाम से जानता था, कोई उसे गॉड के नाम से पहचानता था, लेकिन हर धर्म में उसके नाम भले ही अलग-अलग हों, वह हर रूप में भेदभाव की सीमाओं से दूर था। हिन्दू धर्म में वह कण-कण में व्याप्त था। इस्लाम में वह तमाम आलमों का रखवाला था। बाइबल में जब प्रकाश को जाग्रत होने का आदेश दिया गया था तो वह रौशनी सारे संसार के लिए थी। नानक ने एक ही नूर से सारे जग के उपजने की सीख दी थी, और कबीरदास ने उस तक पहुँचने के लिए ढाई अक्षर प्रेम की सलाह दी थी।

मगर इन सारे पावन ग्रन्थों और महान आत्माओं की नसीहत पर तिजारत हावी होती गयी और दुनिया, जीने वालों के लिए मुसीबत होती गयी। इस मुसीबत को क़िस्से-कहानियों और कविताओं के रूप में वर्षों से शब्दबद्ध किया जा रहा है, मगर फिर भी यह मुसीबत कम होने का नाम नहीं ले रही। इन क़िस्से-कहानियों और कविताओं के संसार में एक बड़ा नाम सिन्धी भाषा के महान कवि-लेखक शेख़ अयाज़ का भी है। सआदत हसन मण्टो की कहानी टोबा टेकसिंह के पागल की तरह वह भी धर्म के नाम पर खींची गयी इस लम्बी-चौड़ी सरहद को नहीं मानते थे। वह सिन्धी भाषा के सन्त कवि शाहअब्दुल लतीफ भटाई और सचल सरमस्त की परम्पराओं के वारिस थे। वह सियासत की नफ़रतों में मुहब्बत की विरासतों के शाइर थे, लेकिन मुहब्बत के इस मैदान में सियासत के ख़िलाफ़ वह अकेले नहीं थे। वह एक बड़े कारवाँ के राही थे। इस कारवाँ में उनके साथ वासुदेव निर्मल, अर्जुन साजिद, गोवर्धन, लक्ष्मण कोमल आदि भी शामिल थे। एक तरफ़ सियासत हिन्दू को मुसलमान से जुदा कर रही थी...दूसरी तरफ़ मुहब्बत दोनों की मिली-जुली आवाज़ से पाकिस्तान की हुकूमत को खफ़ा कर रही थी। हुकूमत की नाराज़गी का सबसे ज़्यादा निशाना शेख़ अयाज़ बने, क्योंकि उनकी मीठी, रसीली आवाज़ और बाग़ियाना अन्दाज़ ने उन्हें नयी उम्र के नौजवानों का हीरो बना दिया था। शेख़ अयाज़ के एक मित्र कवि नारायण श्याम थे। वह भी सिन्धी काव्य में आधुनिकता के बड़े नाम थे। विभाजन के बाद जब भेड़-बकरियों की तरह आबादी इधर से उधर हुई तो नारायण श्याम भी कराची छोड़कर दिल्ली आकर बस गये। वह हिन्दू बनकर भले ही भारत आ गये, लेकिन शेख़ अयाज़ के दोस्त के रूप में वह कभी उसके दिल से अलग नहीं हुए। सियासत की नज़र में शेख़ अयाज़ मुसलमान था और नारायण श्याम हिन्दू था। एक पाकिस्तानी था, दूसरा हिन्दुस्तानी था। परन्तु मुहब्बत की दृष्टि में न वह हिन्दू थे, न मुसलमान थे...दोनों इन्सान थे। हिन्द-पाक युद्ध के दौरान, जब नार-ए-तकबीर अल्लाहो-अकबर और हर-हर महादेव के शोर गूँज रहे थे, शेख़ अयाज़ अपने दिल्लीवासी दोस्त नारायण श्याम को सम्बोधित करते हुए लिख रहे थे—

*यह जो मैदाने जंग है—इसमें मैं हूँ।*
*और*
*मेरे सामने नारायण श्याम है*
*मैं उसे कैसे गोली मार सकता हूँ*

शेख़ अयाज़ का सम्पूर्ण लेखन राजनीति के अँधेरों में प्रेम के प्रकाश की तलाश था...और उनकी यह तलाश जो सिन्धी नौजवानों के दिलों में समा रही थी, पाकिस्तानी हुकूमत को चौंका रही थी। धर्म के नाम पर बने देश में इस प्रकार के अधर्म के प्रवेश से वह बौखला रही थी और शेख़ अयाज़ को अपराधी ठहरा रही थी। शेख़ अयाज़ और नारायण श्याम की दोस्ती उस दृष्टिकोण को नकार रही थी, जो पाकिस्तान के निर्माण की बुनियाद था। हुकूमत पाकिस्तान ने उन्हें गद्दार बनाकर जेल में डाल दिया...जेल जाने का यह सिलसिला पाकिस्तान ही के एक उर्दू शाइर हबीब जालिब की तरह शेख़ अयाज़ की ज़िन्दगी में लगातार चलता रहा। उनकी तहरीर और तक़रीर पर पाबन्दी लगा दी गयी। उनकी किताबों को बैन किया गया, लेकिन मार्शल लॉ की हुकूमत उनकी राहों को रोक नहीं सकी और उनकी आवाज़ धार्मिक नफ़रतों में हमेशा मुहब्बत के गीत गाती रही, हैवानों को इन्सान बनने का सबक़ पढ़ाती रही और हिन्दुस्तान के कबीर और सिन्ध के शाँ भटाई की परम्परा को निभाती रही। शेख़ अयाज़ के रूप में पहली बार लेखनी ने बन्दूक़, तोप और जेल की दीवारों से टक्कर ली थी। सिन्धी भाषा के इतिहास में सूफ़ी शाह लतीफ़ ने जो तारीख़ बनाई थी, शेख़ अयाज़ उस तारीख़ का अज़ीम किरदार थे...सर पर काँटों का ताज और साथ में समाज...

शेख़ अयाज़ से मेरी मुलाक़ात पाकिस्तान में सक्खर के एक मुशायरे में हुई थी। मुशायरे से पहले, वह मुझे और पाकिस्तान के मशहूर शाइर मुनीर नियाज़ी को मुशायरे के क़ाबिल बनाने के लिए...एक घर में ले गये थे। वह घर उनके हमपेशा एक वकील दोस्त का था। पाकिस्तान में शराब का परमिट सिर्फ़ हिन्दुओं और दूसरे ग़ैर-मुस्लिमों को दिया जाता था। मुसलमानों को जब शराब की ज़रूरत होती थी तो मुसलमान हिन्दू का दरवाज़ा खटखटाता था और इस तरह अपने आप को होश से बेहोश बनाता था। जोश मलीहाबादी का शेर है—

*इन्साँ का ख़ून ख़ूब पियो इज़्ने आम है*
*अंगूर की शराब का पीना हराम है*

उस रात शेख़ अयाज़ विभाजन के ख़िलाफ़ काफ़ी बोलते रहे। शेख़ अयाज़ बहुत अध्ययनशील कवि थे। वह एक साथ शाह लतीफ़, तुकाराम, मीराबाई, हाफिज़, ख़ैयाम, ख़लील ज़िब्रान, पुश्किन, बोदलियर, ग़ालिब आदि से प्रभावित थे। उनकी नज़र में इन्सान की पहचान वही भगवान था...जो राम भी था, वाहेगुरु भी था और रहमान भी था। शेख़ अयाज़ का एक दोहा है—

*ऐ सच इतनी ताक़त दे जकड़े हुए इस मन कूँ*
*सर भी क़लम हो जाये लेकिन कहना है जो कह दूँ...*

# कैफ़ी आज़मी

कैफ़ी आज़मी मेरे समकालीन थे इसी तरह, जैसे उम्रों के फ़र्क़ के बावजूद वह अपने सीनियर शाइर जोश मलीहाबादी, रघुपति सहाय फ़िराक़ और जिगर मुरादाबादी के समकालीन थे। वह इन बुज़ुर्गों के ज़माने के नौजवान शाइर थे। सन् 35-36 में सज्जाद ज़हीर और मुल्कराज आनन्द की कोशिशों से भारत में जो प्रगतिशील अदबी आन्दोलन की शुरुआत हुई थी, और इस आन्दोलन में जो शाइरों की नस्ल उभर कर सामने आयी थी, कैफ़ी उसकी दूसरी पीढ़ी के शाइर थे। सरदार जाफ़री, मजाज़ लखनवी और फ़ैज़ अहमद फ़ैज़ उनसे सीनियर थे, साहिर लुधियानवी और मजरूह सुल्तानपुरी उनके हमसफ़र थे।

कैफ़ी का जन्म आज़मगढ़ के एक गाँव मिजवाँ में हुआ। घर का माहौल धार्मिक था। लेकिन मिजवाँ से जब धार्मिक तालीम के लिए लखनऊ भेजे गये तो धार्मिकता में आप ही आप सामाजिकता शामिल होती गयी। और इस तरह वह मौलवी बनते-बनते कामरेड बन गये। इस पहली वैचारिक तब्दीली के बाद उनकी सोच में कोई दूसरी तब्दीली नहीं आयी। वह जब से कामरेड बने, हमेशा इसी रास्ते पर चले, और देहान्त के वक़्त भी उनके कुरते की जेब में सी. पी. आई. का कार्ड था। उनका जन्म एक शिया घराने में हुआ था। इस घराने में हर साल मुहर्रम के दिनों में, कर्बला के 72 शहीदों का मातम किया जाता था। कैफ़ी भी अपने बचपन और लड़कपन के दिनों में इन मजलिसों में शरीक होते थे, और दूसरे अक़ीदतमन्दों की तरह, हज़रत मुहम्मद के नवासे और उनके साथियों की शहादतों पर रोते थे। कम्युनिस्ट पार्टी से जुड़ने के बाद भी उनका रोना तो बदस्तूर जारी रहा। फ़र्क़ सिर्फ़ इतना हुआ पहले वह धर्म-अधर्म की लड़ाई में केवल चन्द नामों का ग़म उठाते थे,

बाद में इन चन्द नामों को लाखों-करोड़ों पीड़ितों का प्रतीक बनाकर सबके लिए आँसू बहाते थे। कैफ़ी की पूरी शाइरी अलग-अलग लफ़्ज़ों में इन्हीं आँसुओं की दास्तान है। दूसरे कम्युनिस्टों की तरह उन्हें नास्तिक कहना मुनासिब नहीं। उनका साम्यवाद भी उनके घर की आस्था का ही एक फैला हुआ रूप था। दोनों के नाम ज़रूर एक-दूसरे से मुख़्तलिफ़ थे लेकिन आत्मा एक ही थी। समाज में हर शोषणकर्ता अब उनके लिए यज़ीद था (यज़ीद के सिपाहियों ने, यज़ीद के हुक्म पर ही हज़रत हुसेन को क़त्ल किया था) और संसार के हर शोषित में उन्हें 'हुसेनियत' नज़र आती थी। वह समाज के शोषित वर्ग के शाइर थे। उसी के पक्ष में क़लम उठाते थे, उसी के लिए मुशायरों के स्टेज से अपनी नज़्में सुनाते थे।

कैफ़ी आज़मी सिर्फ़ शाइर ही नहीं थे। वह शाइर के साथ, स्टेज के अच्छे परफ़ॉर्मर भी थे। इस परफॉर्मेन्स की ताक़त उनकी आवाज़ और आवाज़ के उतार-चढ़ाव के साथ, मर्दाना क़दो क़ामत और फ़िल्मी अदाकारों जैसी सूरत भी थी। शाइरी किताब में भी पढ़ी जाती है और सुनी भी जाती है। लिखने की तरह इसकी अदायगी भी एक कला है। शाइरी और इसकी अदायगी, ये दोनों विशेषताएँ किसी एक शाइर में मुश्किल से ही मिलती हैं, और जब ये मिलती हैं तो शाइर अपने जीवनकाल में ही लोकप्रियता के शिखर को छूने लगता है। अदब के आलोचक भले ही कुछ कहें लेकिन यह एक हक़ीक़त है, भारतीय काव्य के साथ मौखिक परम्परा हमेशा से रही है। सन्त संगतों में अपनी वानियाँ दोहराते थे और शाइर/कवि श्रोताओं में कलाम सुनाते थे। कैफ़ी आज़मी इसी परम्परा से जुड़े शाइर थे। यह परम्परा उन्हें बचपन में मुहर्रम की उन मजलिसों से मिली थी, जिनमें मर्सिये (शोकगीत) सुनाये जाते थे, सुनाने वाले आँखों और हाथों के हावभाव और आवाज़ के उतार-चढ़ाव से, सुननेवालों को जब चाहे हँसाते थे, जब चाहे रुलाते थे और कभी उनसे मातम करवाते थे। कैफ़ी आज़मी का पढ़ने का अन्दाज़ अपने समकालीनों में सबसे अनोखा था। मैंने हिन्दी के सुमन और भवानी भाई को भी सुना है और उर्दू के फ़िराक़ और जोश को भी। सारे अपने-अपने अन्दाज़ से महफ़िलों में छा जाते थे, लेकिन कैफ़ी आज़मी जब कलाम पढ़ने के लिए बुलाये जाते तो पढ़ने के बाद पूरे मुशायरे को अपने साथ ले जाते थे। स्टेज से उनको सुनना एक अनुभव के समान था।

हैदराबाद में एक मुशायरे में, उनकी इसी कलात्मक प्रस्तुति ने कैफ़ी के जवानी के दिनों की एक हसीना को किसी और के साथ अपनी मँगनी तोड़ने पर मजबूर कर दिया था। कैफ़ी अपनी मशहूर नज़्म औरत सुना रहे थे–

*उठ मेरी जान मेरे साथ ही चलना है तुझे*
*क़द्र अब तक तिरी तारीख़ ने जानी ही नहीं*
*तुझमें शोले भी हैं बस अश्क फिशानी ही नहीं*
*तू हक़ीक़त भी है दिलचस्प कहानी ही नहीं*
*तेरी हस्ती भी है इक चीज़ जवानी ही नहीं*
*अपनी तारीख़ का उनवान बदलना है तुझे*
*उठ मेरी जान....*

और वह लड़की अपनी सहेलियों में बैठी कह रही थी, कैसा बदतमीज़ शाइर है। वह 'उठ' कह रहा है 'उठिये' नहीं कहता...नौज इसे तो अदब आदाब की अलिफ़-बे ही नहीं आती...इसके साथ कौन उठकर जाने को तैयार होगा...मुँह बनाते हुए वह व्यंग्य से पंक्ति दोहराती है–उठ मेरी जान मेरे साथ ही चलना है तुझे...मगर जब श्रोताओं के तालियों के शोर में नज़्म ख़त्म होती है तो वह लड़की अपनी ज़िन्दगी का सबसे बड़ा फ़ैसला ले चुकी थी...माँ-बाप ने लाख समझाया, वह नहीं मानी, सहेलियों ने इस रिश्ते की ऊँच-नीच से परिचित किया...वह शाइर है। शादी के लिए सिर्फ़ शाइरी काफ़ी नहीं होती। शाइरी के अलावा घर की ज़रूरत होती है, वह ख़ुद बेघर है। खाने-पीने और कपड़ों की भी ज़रूरत होती है। कम्युनिस्ट पार्टी उसे केवल 40 रुपया महीना देती है। लेकिन वह लड़की अपने फ़ैसले पर अटल रही और कुछ ही दिनों ही अपने पिता को मजबूर करके बम्बई ले आयी और सज्जाद ज़हीर के घर में, कहानीकार इस्मत चुग़ताई, फ़िल्म निर्देशक शाहिद लतीफ़, शाइर अली सरदार जाफ़री, अंग्रेज़ी के लेखक मुल्कराज आनन्द की मौजूदगी में वह रिश्ता जो हैदराबाद में मुशायरे में शुरू हुआ था...पति-पत्नी में बदल गया। सरदार जाफ़री ने दुल्हन को कैफ़ी का पहला संग्रह आख़िरे-शब तोहफ़े में दिया...इसके पहले पेज पर कैफ़ी के शब्द थे...शीन (उर्दू लिपि का अक्षर) के नाम...मैं तन्हा अपने फ़न को आख़िरे शब तक ला चुका हूँ तुम आ जाओ तो सहर हो जाये...यह 'शीन' अब कैफ़ी आज़मी की विधवा जो

शादी के बाद शौकत ख़ान से शौकत आज़मी बनी थी, के नाम का पहला अक्षर है। शौकत आज़मी जो जवान कैफ़ी की ख़ूबसूरत प्रेमिका थी, आज भारत की बड़ी अभिनेत्री शबाना आज़मी की माँ हैं।

कैफ़ी आज़मी ने शाइरी 11 साल की उम्र में शुरू की। उन्होंने अपनी पहली ग़ज़ल जब गाँव की एक महफ़िल में सुनाई तो उनकी उम्र को देखते हुए किसी को यक़ीन नहीं आया कि यह उन्हीं की लिखी हुई है। कैफ़ी को इस बेयक़ीनी पर काफ़ी दुख हुआ, लेकिन इस दुख ने कम उम्र कैफ़ी को बिखेरकर तोड़ा नहीं—इसे उन्होंने अपनी ताक़त बनाया और अपनी मेहनत और रियाजत से वह बनकर दिखाया...जिसे आज सब कैफ़ी आज़मी के नाम से जानते हैं...कैफ़ी की उस पहली ग़ज़ल का मतला है—

*इतना तो ज़िन्दगी में किसी की ख़लल पड़े,*
*हँसने से हो सुकून न रोने से कल पड़े...*

11 साल की उम्र में कही हुई यह ग़ज़ल बेगम अख़्तर की आवाज़ में पूरे देश में मशहूर हो चुकी है।

40 रुपये मासिक पगार से पृथ्वी थियेटर के सामने एक आलीशान बंगले तक की यात्रा में मुशायरों के स्टेज के साथ फ़िल्मों में उनकी गीतकारी ने भी बड़ी भूमिका निभाई है। उनके लिखित गीतों ने फ़िल्मी गीतों में अदबी रंग पैदा किया और साहिर की तरह इन गीतों से उन्होंने यश भी पाया और नाम भी कमाया—गीतकारी के अलावा उन्होंने कई फ़िल्मों में डायलॉग और पटकथा भी लिखी है—इनमें गर्म हवा ख़ास है...

कैफ़ी भी शुरू में, उस युग की परम्परा के अनुसार गाकर कलाम सुनाते थे। ऐसी एक महफ़िल में एक बार सरोजिनी नायडू भी मौजूद थीं। उन्होंने ख़ामोशी से कैफ़ी को अपने टेप में रिकॉर्ड कर लिया था। दूसरे दिन, कैफ़ी और सरदार दोनों, सरोजिनी के बुलावे पर उनके घर में थे। उन्होंने कैफ़ी से कहा, क्या तुम जानते हो तुम्हारा तरन्नुम कैसा है—यह कहते हुए अपना टेप ऑन कर दिया...वह दिन कैफ़ी के तरन्नुम का आख़िरी दिन था...उसके बाद वह तहत में ही कलाम सुनाते रहे और मुशायरों में धूम मचाते रहे...

*कर चले हम फ़िदा जानो तन साथियो*
*अब तुम्हारे हवाले वतन साथियो*

# ग़ज़ल और फ़िराक़ गोरखपुरी

गुज़री हुई बीसवीं सदी जीवन के हर क्षेत्र में, बड़े-बड़े नामों से रौशन है। यह बड़े नामों और बड़े कामों का दौर था। जो अब हमारा इतिहास है, रघुपति सहाय फ़िराक़ इसी इतिहास का हिस्सा हैं। वह शाइर थे, और ग़ज़ल उनकी प्रिय काव्य विधा थी। यह विधा, कई देशों का लम्बा सफ़र तय कर के भारत में आयी थी। 13-14वीं सदी में इसके पहले दीदार हिन्दुस्तानी भाषा के पहले शब्दकार अमीर ख़ुसरो ने किये थे। अमीर ख़ुसरो, सूफ़ी निज़ामुद्दीन के मुरीद थे। लेकिन अध्यात्म के साथ सीने में आशिक़ मिज़ाज दिल भी रखते थे। वह ग़ज़ल के सौन्दर्य से प्रभावित हुए भला कैसे रह सकते थे। उन्होंने अरब के रेगिस्तानों और ईरान के गुलिस्तानों से आने वाली इस सुन्दरी को हिन्दुस्तानी आभूषणों से सजाना शुरू कर दिया...हिन्दुस्तानी भाषा में पहली ग़ज़ल यहीं से शुरू होती है। ख़ुसरो की ग़ज़ल का मतला है–

*जो यार देखा नैन भर, दिल की गयी चिन्ता उतर*
*ऐसा नहीं कोई अजब, राखे उसे समझाय कर*

ख़ुसरो के बाद, सन्त कवि कबीरदास ने इसके रूप को निहारा और इसके रंग-रूप को अपने प्रेम-दर्शन से सँवारा–

*हमन है इश्क़ मस्ताना, हमन को होशियारी क्या*
*रहे आज़ाद या जग में हमन दुनिया से यारी क्या*

और इस तरह 'ग़ज़ल' ख़ुसरो की दिल्ली से कबीर के मगहर गयी, और वहाँ से 'भागमति' की शक्ल में, गोलकुण्डा के बादशाह मुहम्मद कुली कुतुबशाह के सामने आयी तो नौजवान बादशाह उसका परस्तार हो गया

और उसने अपनी प्रेमिका के रूप में इसे और निखारा और इसमें भागमति के नृत्य के घुँघरुओं की खनखनाहट पिरो दी—

*पिया बाज प्याला पिया जाये ना*
*पिया बाज यक तिल जिया जाये ना*

मुग़ल सम्राट शाहजहाँ के युग में, ग़ज़ल गोलकुण्डा से चलकर दखन में औरंगाबाद आयी और वहाँ उसने वली को अपना हमसफ़र बनाया...और वली ने इसके साथ दिल्ली का वह सफ़र किया, जो ग़ज़ल के इतिहास का एक कारनामा माना जाता है। वली तक आते-आते, ग़ज़ल को भारत में आये काफ़ी अरसा गुज़र चुका था। उसकी चाल-ढाल और बनाव-शृंगार के विदेशीपन में देशीपन आ चुका था। वली के साथ ग़ज़ल का अन्दाज़ यूँ था—

*मत गुस्से के शोले सूँ जलते को जलाती जा*
*टुक महर के पानी सूँ तू आग बुझाती जा*
*इस रात अन्धारी में मत भूल पड़ूँ तुझ सूँ*
*टुक पाँव के झाँझर की झंकार सुनाती जा*

ग़ज़ल का यही देशीपन जो मीर और ग़ालिब से होता हुआ, फ़िराक़ तक आया था—फ़िराक़ के साथ उस तहज़ीब की तस्वीर बन गया, जिसे गंगा-जमनी तहज़ीब के नाम से याद किया जाता है। यह वही संस्कृति है जिसे पण्डित नेहरू ने अपनी पुस्तक 'डिस्कवरी ऑफ़ इंडिया' में हिन्द-इस्लामी कल्चर का नाम दिया है। वली के साथ उस ग़ज़ल की शुरुआत होती है जिसकी तरक़्क़ीयाफ़्ता रूप फ़िराक़ के यहाँ नज़र आता है। वली के साथ बैलगाड़ी में चलकर ग़ज़ल का यह रूप जब औरंगज़ेब के युग में दिल्ली पहुँचा, तो दिल्ली वालों ने सिर्फ़ उसे गले लगाया, बल्कि फ़ारसी छोड़कर इसे ही अपना आदर्श बनाया। लेकिन फ़िराक़ साहब की महानता यह है कि उन्होंने ग़ज़ल के इस बदले हुए लिबास तक ही स्वयं को सीमित नहीं रखा, लिबास के साथ इसका शरीर और आत्मा भी बदली, और इसमें वह विस्तार जगाने की कोशिश भी की, जो भारत की साढ़े चार हज़ार साल की तारीख़ की शान है। इन साढ़े चार हज़ार वर्षों में वह समय-खण्ड भी शामिल है, जो भारत में इस्लाम के आगमन से प्रारम्भ होता है। फ़िराक़ ने अपनी ग़ज़ल को उस कल्चर से सँवारा है, जो साम्प्रदायिक राजनीति की परिभाषा के अनुसार महदूद नहीं है, ज़िन्दगी के फैलाव की तरह लामहदूद है।

फ़िराक़ की ग़ज़ल में वह भारत जागता हुआ महसूस होता है, जो उनसे पहले, कबीर की शब्दावली में जगमगाता था, गुरु ग्रन्थ साहब में मुस्कुराता था, अकबर के दीने इलाही में झिलमिलाता था, या नज़ीर अकबराबादी के काव्य में सरसराता था...

फ़िराक़ ने तहज़ीब की जिस आत्मा से, अपनी ग़ज़ल को सजाया था उसके सम्बन्ध में ख़ुद उनका शेर है—

*सरज़मीने हिन्द पर अक़वामे आलम (दुनिया की क़ौमें) के फ़िराक़*
*क़ाफ़िले बस्ते गये, हिन्दोस्ताँ बनता गया...*

फ़िराक़ साहब सिर्फ़ शाइर नहीं थे, अपने के बड़े आलोचक भी, क्लासिकी शाइरों पर उनके लेख, साहित्य को नये सिरे से पढ़ने और समझने की कामयाब कोशिशें मानी जाती हैं। उनके ज़हन को कई भाषाओं की रौशनियों ने रौशन किया था। इनमें हिन्दी, उर्दू, फ़ारसी, संस्कृत के साथ अंग्रेज़ी का भी नाम है। वह महात्मा गाँधी, पण्डित नेहरू, अबुल कलाम आज़ाद, मौलाना हसरत मोहानी, महाकवि निराला, डॉ. राधाकृष्णन आदि के युग की एक बड़ी शख़्सियत थे। कुदरत की इस मेहरबानी का उन्हें अहसास भी था।

*आने वाली नस्लें तुम पर रश्क करेंगी हमअसरों (समकालीन)*
*जब ये ध्यान आयेगा उनको तुमने फ़िराक़ को देखा है*

मैं उन खुश क़िस्मत लोगों में हूँ, जिन्होंने फ़िराक़ गोरखपुरी को देखा भी था, सुना भी था, उनसे चर्चा भी की है और उनके साथ मुशायरा भी पढ़ा है। शाइरी और आलोचना के अलावा उनकी बातचीत करने का तरीक़ा हर बार नया तजुरबा होता था। वह गुफ़्तुगू को हास्य की जहानत और व्यंग्य की हरारत से ऐसे मिलाते थे कि सुनने वाले लोट-पोट हो जाते थे। मैं जब उनसे मिला था, तब वह उम्र की उस मंज़िल में दाख़िल हो चुके थे, जब वह कहीं ख़ुद नहीं आते थे, लाये जाते थे। जहाँ वह बैठते थे वहाँ बिठाये जाते थे, जहाँ से वह उठना चाहते थे वहाँ से उठाये जाते थे। लेकिन इस बुज़ुर्गी के बावजूद, उनके हाथ से सिगरेट, बदन से शेरवानी, गोल-गोल घूमती हुई आँखों से हैरत, बातचीत से ज़हानत कभी रुख़सत नहीं हुई। दिल्ली में डी.सी.एम. का मुशायरा था। सदारत उन दिनों के राष्ट्रपति फ़ख़रुद्दीन अली अहमद फ़रमा रहे थे। राष्ट्रपति ने अपनी कलाई पर बँधी

घड़ी देख-देखकर, अपने हाथ से एक काग़ज़ पर दो जुमले लिखकर, फ़िराक़ साहब तक पहुँचाये। जुमले थे, फ़िराक़ साहब, मुझे एक सरकारी मीटिंग में जाना है, लेकिन जाने से पहले आपको सुनना चाहता हूँ। फ़िराक़ साहब ने अपने सामने फैले हुए सिगरेट के धुएँ को हटाते हुए इन जुमलों को पढ़ा और लिखकर जवाब देने के बजाय जहाँ बैठे थे वहीं से श्रोताओं की तरफ़ मुँह करते हुए, ऊँची आवाज़ में कहा—साहब, अच्छा शेर सुनना बड़े से बड़े सरकारी काम से ऊँचा होता है। फ़िराक़ अपने मुक़ाम से ही पढ़ेगा। फ़िराक़ साहब की बात सुनकर भारत के राष्ट्रपति को मुशायरे में उस समय तक इन्तज़ार करना पड़ा, जब तक अनाउन्सर ने पढ़ने के लिए फ़िराक़ साहब का नाम नहीं पुकारा। उस रात फ़िराक़ साहब थोड़ा शराब के सुरूर और अपनी अज़मत के गुरूर में थे। उस वक़्त उन्होंने बिना डायरी देखे कुछ ऐसे शेर सुनाये, जो मीर-ग़ालिब के बाद सिर्फ़ फ़िराक़ ही लिख सकते थे और जिनकी वजह से रघुपति, फ़िराक़ बने...

*मुद्दतें गुज़रीं तेरी याद भी आयी न हमें,*
*और हम भूल गये हों तुझे ऐसा भी नहीं*

*ज़रा विसाल के बाद आईना तो देख ए दोस्त,*
*तेरे जमाल की दोशीज़गी निखर आयी*

*तुम मुख़ातिब हो क़रीब भी हो,*
*तुमको देखें कि तुमसे बात करें*

*कहाँ का वस्ल तन्हाई ने शायद भेस बदला है,*
*तेरे दमभर के आ जाने को हम भी क्या समझते हैं*

फ़िराक़ साहब कलकत्ता के एक मुशायरे में एक नये रूप में दिखाई दिये। शेर सुनाते हुए श्रोताओं में किसी के दाद देने के तरीक़े से ऐसे नाराज़ हुए कि सारे श्रोताओं की तरफ़ पीठ करके ग़ज़ल के बाक़ी के शेर सिर्फ़ स्टेज पर बैठे शाइरों को सुना दिये। इसी मुशायरे में किसी नौजवान शाइर का एक शेर पूरा का पूरा फ़िराक़ की नक़ल था। किसी ने उसे टोका तो उसने कहा मुआफ़ कीजिए टकरा गया—फ़िराक़ जो ख़ामोशी से सुन रहे थे...फ़ौरन बोले, भाई सायकिल को मोटर से टकराते तो सुना था, लेकिन सायकिल हवाई जहाज़ से भी टकरा सकती है, यह पहली बार सुना है।

# भूख पी जाती है

मेरा एक दोहा है—

*सातों दिन भगवान के, क्या मंगल क्या पीर*
*जिस दिन सोए देर तक, भूखा रहे फ़क़ीर*

इस दोहे को लिखे हुए कई साल बीत गये थे। आज अचानक याद आ गया। इसके याद आने की वजह, महाराष्ट्र के पावर लूम के शहर मालेगाँव में 8 सितम्बर के वे तीन आतंकी धमाके हैं जिनकी लपेट में आये 38 मौतों और सौ से अधिक घायलों में बड़ी संख्या उन भिखारियों की बताई गयी है जो शबेबरात के दिन, दूर-दूर से चलकर, वहाँ की रहमानी मस्जिद के सामने और मस्जिद के थोड़े फ़ासिले पर बड़ा क़ब्रिस्तान के इर्द-गिर्द बैठे थे। जो भीख माँगकर रोटी-रोज़ी चलाते हैं। वे धर्मों के बँटवारों को नहीं मानते। उनके लिए मन्दिर के भगवान, मस्जिद के रहमान या मालेगाँव के बड़ा क़ब्रिस्तान में कब्रों के निशान...सब बराबर होते हैं। राजनीतिज्ञ भिखारियों की इस धर्मनिरपेक्षता की विशेषता से परिचित होते हैं, इसीलिए कभी उनके माथे पर तिलक लगाकर रामसेवक बना दिया जाता है, कभी उनके सर पर टोपी रखकर, अल्लाहो अकबर का नारा लगवाया जाता है और कभी राजनीतिक शक्ति के प्रदर्शन के लिए उन्हें गाँव खेड़ों से बुला लिया जाता है। जिधर भी रोटी बुलाती, ग़रीबी उधर चली जाती है। ग़रीबी की दुनिया, खाते-पीते लोगों की दुनिया की तरह, सीमाओं और सरहदों में नहीं बँटती। इसकी दुनिया रोटी से शुरू होती है और रोटी पर ही समाप्त होती है। वह ख़ुदा को मूरत या कुदरत के रूप में नहीं सोचती। उसके आसमान और ज़मीन दो बड़ी रोटियों के समान हैं, जिनमें उसकी अपनी रोटी भी छुपी होती है,

जिसको पाने के लिए कभी वह भजन गाती है, कभी कलमा दोहराती है और कभी जीसस की प्रतिमा के आगे सर झुकाती है। ताजमहल की नगरी के 19वीं सदी के शाइर मियाँ नज़ीर ग़ालिब के सीनियर समकालीन थे। आदमी के चिन्तन और दृष्टि में उसका वर्ग झाँकता नज़र आता है। इसी वर्ग के लिहाज़ से ग़ालिब के चिन्तन के केन्द्र मौत, ज़िन्दगी, ख़ुदा और कायनात थे, जबकि नज़ीर जो घर-घर जाकर बच्चों को पढ़ाने वाले उस्ताद थे, उनके विषय रोटी, मुफ़लिसी और ख़ैरात थे...वह खाते-पीते लोगों की दुनिया में भूखों, नंगों और फक्कड़ों के शाइर थे। उनके इसी अपराध के कारण एक लम्बे समय तक, साहित्य की आलोचना ने उन्हें मुँह नहीं लगाया...कबीर की तरह नज़ीर को भी इतिहास ने बहुत देर से अपनाया। नज़ीर जनकवि थे और साधारण जन की तरह उनकी क़िस्मत भी ग़रीबी के रास्ते में भागती-दौड़ती रोटी का पीछा करना था। ग़ालिब पेट भरे दर्शन के फ़नकार थे और नज़ीर भूख में रोटी की तलाश के कलाकार थे।...ग़ालिब को प्रेमिका की कल्पना के लिए फ़ुरसत दरकार थी, और नज़ीर की शाइरी ग़रीबी के रोग से बीमार थी। नज़ीर के रोटी नामे की पंक्तियाँ हैं—

*पूछा किसी ने यह किसी कामिल फ़क़ीर से*
*यह मह्रो माह हक़ ने बनाये हैं काहे के*
*वह सुन के बोला बाबा, ख़ुदा तुझको ख़ैर दे*
*हम तो न चाँद समझें, न सूरज ही जानते*
*बाबा हमें तो ये नज़र आती हैं रोटियाँ*

आतंक कौन फैलाता है, इसके पीछे किसका हाथ है, कौन इसके आगे है, कौन इसके साथ है—ये ऐसे प्रश्न हैं जिनके उत्तरों की तलाश सोचने वालों को मुसलसल भटकाती रहती है। इन सवालों के जवाब सब अपने-अपने सीमित दायरों में टटोलते नज़र आते हैं। कोई इसका दोषी इस्लाम को मानता है, कोई इसे ईसाइयों के रूप में पहचानता है। कोई धर्म के नाम पर अमेरिका, लन्दन, कश्मीर आदि पर निशाना लगाता है और कोई इसके जवाब में हँसती-गाती ज़मीन को अफ़ग़ानिस्तान और बग़दाद बनाता है। सबके पास अपने तर्क हैं, अपनी दलीलें हैं।

जिसकी पब्लिसिटी जितनी अच्छी है, उसकी दलील उतनी ही सच्ची है। पिछले दिनों मैंने एक ग़ज़ल लिखी थी। उसका मतला यूँ है–

*जैसी जिसे दिखे यह दुनिया, वैसी उसे दिखाने दो*
*अपनी-अपनी नज़र है सबकी, क्या सच है, यह जाने दो*

यह सच जिसे मैंने 'जाने दो' के साथ जोड़ा है, सदियों से मुट्ठी भर लोगों के शोषण का शिकार है...इस सच को छुपाने के लिए, बड़ी-बड़ी स्कीमें बनाई जाती हैं, रंग-बिरंगी तस्वीरें छपवाई जाती हैं, नयी-नयी दीवारें उठाई जाती हैं, तरह-तरह की नकाबें पहनाई जाती हैं, और इस तरह आम आदमी की सोच की आज़ादी पर कुण्डी चढ़ाई जाती है। हमारा समाज चरवाहों और भेड़ों का समाज है। चरवाहे गिनती में भले ही कम हों, लेकिन उनकी हाँकने वाली लकड़ियों का ख़ौफ़ ज़्यादा होता है। भेड़ें गणना में चाहे कितनी ही अधिक हों, उनका धर्म चरवाहों के पीछे चलना होता है। वे यूँ ही चल रही हैं, सदियों से चल रही हैं, क्योंकि उन्हें चुप-चुप चलने वाली भेड़ उसी ईश्वर, गॉड या ख़ुदा बनाया है, जिसने चरवाहे को बनाया है–ख़ुदा के हुक्म से इनकार नरक का द्वार हैं। हमारे समाज में धर्मों ने हमेशा इस महाशक्ति को डिक्टेटर के रूप में सोचा है और प्रचारित किया है। इस सोच के प्रचार ने आदमी के संघर्ष को नपुंसक बना दिया है। इस नपुंसकता के ख़िलाफ़ जो आवाज़ उठाता है, मुजरिम ठहराया जाता है। इस जुर्म का आरोप मेरे लेख पर भी लग चुका है। मेरे कई शेरों और कविताओं पर काफ़ी ले-दे हुई है। उनमें एक शेर यूँ है–

*ख़ुदा के हाथों में मत सौंप सारे कामों को*
*बदलते वक़्त पर कुछ अपना इख़्तियार भी रख*

'अपने इख़्तियार' की बात, रब्बुल आलमीन (सारे आलमों का ख़ुदा) के समक्ष गुस्ताख़ी समझी जाती है। ईश्वर के इसी डिक्टेराना रूप के आदेशानुसार, द्रौपदी दाँव पर लगाई जाती है। दाराशिकोह को मौत की सज़ा सुनाई जाती है, और पति के साथ ज़िन्दा पत्नी जलाई जाती है, और जब इसके विरोध में आवाज़ उठाई जाती है, तो मराठी सन्त कवि तुकाराम की पोथी, उनसे छीनकर नदी में बहाई जाती है।

कुछ साल पहले, बम्बई के कई इलाक़े शराब के ग़ैर-क़ानूनी अड्डों से जगमगाते थे। वहाँ स्कॉच से ठर्रे तक हर प्रकार की शराब मिलती थी। शराबों के ब्राण्डो के हिसाब से, पीने वालों की सोचें भी ऊँची-नीची होती थीं। अलग-अलग मेज़ों को सजाये लोग नशा कर रहे थे। उन्हीं में एक मैं भी था। स्कॉच वाली मेज़ से आवाज़ आ रही थी– माई डियर गॉड इज़ ए कॉन्सेप्ट। वह दिखाई न देकर हर जगह है, इंडियन। व्हिस्की वाले इसी विषय पर बोल रहे थे, वह भले ही नज़र न आये, लेकिन उस पर विश्वास करने से मन को सुकून मिलता है। इन्हीं में एक फ़क़ीर जो अपनी दिनभर की थकान मिटाने को ठर्रे के साथ बैठा था, ख़ामोशी से दोनों तरफ़ की बातें सुन रहा था। सुनते-सुनते वह एकदम झल्लाकर बोला, भाई साहब मैं देर से सुन रहा हूँ, इधर वाले कह रहे हैं ईश्वर दिखाई नहीं देता, उधर वाले बोलते हैं वह नज़र नहीं आता। मेरी राय तो यह है, वह इसलिए केवल विचार है, इसलिए दिखाई नहीं देता, क्योंकि उसने जैसी दुनिया बनाई है, ऐसी दुनिया बनाकर वह किसी को मुँह दिखाने के क़ाबिल नहीं है, इसीलिए वह हमेशा छुपा रहता है। ग़रीबी किसी रूप की हो, किसी इलाक़े की हो, वह एक बैंक ड्राफ़्ट की तरह है जिसे हर कोई जेब में डाले घूमता है, और जहाँ ज़रूरत होती है उसे कैश करा लेता है। लीडर उसे कैश कराके कुर्सी पाता है, चित्रकार उसे कैश कराके चित्र बनाता है, शाइर/कवि उसे कैश कराके मानवता का परचम लहराता है। ग़रीबी सबकी ज़रूरत है। इसके होने से ही समाज की चमक-दमक है। दुनिया में चहल-पहल है। प्रेमचन्द की एक मशहूर कहानी 'कफ़न' के बारे में, एक दलित आलोचक की टिप्पणी याद आती है। उसने कहा था, प्रेमचन्द दलितों के मध्यवर्गीय हमदर्द थे। स्वयं दलित नहीं थे, इसीलिए, पत्नी और बहू की मौत से उगाहे चन्दे से शराब पीते हैं और आलू भूनकर खाते हैं, इस सामाजिक अन्याय के ख़िलाफ़ आवाज़ नहीं उठाते। मालेगाँव की ख़बर पढ़कर मैंने एक ग़ज़ल कही थी। उसमें एक शेर है–

*कहीं की भूख हो हर खेत उसका अपना है*
*कहीं की प्यास हो आयेगी वह नदी की तरफ़*

# मधुशाला

रुबाई एक काव्य विधा का नाम है। रुबाई अरबी शब्द रुबा से निकला है। जिसका अर्थ होता है चार—ये चार पंक्तियों की कविता है, जिसकी पहली दो और चौथी पंक्तियाँ तुकात्मक होती हैं और तीसरी लाइन आज़ाद रखी जा सकती हैं। डॉक्टर इक़बाल की एक रुबाई है—

*रगों में वो लहू बाक़ी नहीं है*
*वो दिल वो आरज़ू बाक़ी नहीं है*
*नमाज़ो-रोज़-ओ कुर्बानिओ, हज*
*ये सब बाक़ी है तू बाक़ी नहीं है*

रुबाई का अपना एक छन्द होता है, इस छन्द के बारे में कहा जाता है, 251 ईसवी सन् में अरब के एक इलाक़े के सुल्तान याकूब का लड़का गोलियों से खेल रहा था। एक गोली के लुढ़कने पर उसने खुशी में कुछ लफ़्ज़ बोले थे। इन लफ़्ज़ों में एक ख़ास लय थी। उस समय के शाइर रोदकी ने इसी लय में तीन पंक्तियाँ और जोड़ दीं और इस तरह रुबाई और इसका छन्द वुजूद में आया। पहली रुबाई अरब की देन ज़रूर है, लेकिन इस विधा को शोहरत ईरान में मिली। ईरान में 12वीं सदी, उमर ख़ैयाम की रुबाइयों के लिए मशहूर है। उमर ख़ैयाम खुरासाँ में नेशापुर का निवासी था। उसके नाम के साथ ख़ैयाम का जुड़ाव शाइर के पिता के पेशे की वजह से था। ख़ैयाम का पिता इब्राहीम खेमे (तम्बू) बनाने का काम करता था और ख़ैयाम को फ़ारसी में खेमा के अर्थ में इस्तेमाल किया जाता है। उमर ख़ैयाम की रुबाइयों की शोहरत में, अंग्रेज़ी भाषा के कवि

एडवर्ड फिट्ज़ जेराल्ड (जन्म 1809–मृत्यु 1883) का बड़ा हाथ है। जेराल्ड खुद भी अच्छे कवि थे, लेकिन कविता के पाठकों में वह अपनी कविताओं से अधिक ख़ैयाम की रुबाइयों के अनुवादक के रूप में अधिक पहचाने जाते हैं। जीवन की अर्थहीनता में व्यक्तिगत अर्थ की खोज, ख़ैयाम की रुबाइयों का केन्द्रीय विषय है। इस एक विषय को अलग-अलग प्रतीकों और बिम्बों के ज़रिये उसने बार-बार दोहराया है। फ़िराक़ गोरखपुरी का शेर है। फ़िराक़ और बच्चन दोनों इलाहाबाद के थे।

*ज़िन्दगी क्या है आज फिर ऐ दोस्त*
*सोच लें और उदास हो जाये*

वह उदास होने के लिए सोच की शर्त रखते थे और ख़ैयाम इस सोच को भूलकर साँसों को गवार बनाते हैं। एक स्तर पर ख़ैयाम की यह सोच हिन्दू मत में माया दर्शन से भी मिलती-जुलती नज़र आती है। अन्तर सिर्फ़ इतना है माया कबीर के शब्दों में ठगनी है जो आत्मा और परमात्मा के बीच दीवार उठाती है और ख़ैयाम की फिलॉसफ़ी इस संसार में जीवन के अर्थहीन होने का मातम ज़रूर करती है। मगर वह इस मातम ख़ुशी का एक पहलू भी खोज निकालता है। और वह है ख़ैयाम का जाम। पश्चिम में ये छोटी कविताएँ काफ़ी लोकप्रिय हुईं। नौजवानों को इनमें व्रिदोह और नैतिकता के पाखण्ड को बेनकाब करने का रास्ता नज़र आया। उनके लिए ये रुबाइयाँ विक्टोरियन कल्चर के ख़िलाफ़ एक मंच देती थीं। इन रुबाइयों के प्रशंसकों में टेनीसन ने इनकी तारीफ़ में एक कविता लिखी और थॉमस हार्डी ने 88 वर्ष की उम्र में मरने से पहले ख़ैयाम की एक रुबाई सुनने की इच्छा प्रकट की थी।

हरिवंशराय बच्चन भी ईरान के इस बोहेमियन महाकवि के जादू से नहीं बच सके। बच्चन जी की मुलाक़ात उमर ख़ैयाम की रुबाइयों से, फ़ारसी भाषा में नहीं हुई। वह उमर ख़ैयाम से फिट्ज़ जेराल्ड के अनूदित अंग्रेज़ी रूप के माध्यम से मिले थे। बच्चन जी अंग्रेज़ी के शिक्षक भी थे और अंग्रेज़ी के कवि यीट्स पर उन्होंने कैम्ब्रिज से डाक्ट्रेट की डिग्री भी प्राप्त की थी। शेक्सपियर के कई नाटकों का हिन्दी में अनुवाद भी किया था।

जेराल्ड की तरह उन्होंने भी रुबाई के विशेष छन्द को छोड़कर अपने ही मीटर में मधुशाला की चौपाइयों की रचना की है। ये भावभूमि के स्तर पर भी, ख़ैयाम के प्रतीकों और संकेतों के बावजूद ख़ैयाम से अलग भी है, और छह सौ साल में जो समय बदला है, उस बदलाव से जुड़ी हुई भी हैं। मधुशाला की रुबाइयों का प्रथम पाठ, बच्चन जी ने सन् 1934-35 में बनारस में किया था। अपने प्रथम पाठ से अब तक मधुशाला स्वर्ण जयन्ती से गुज़र कर हीरक जयन्ती मना चुकी है। 1984 में इसकी स्वर्ण जयन्ती के अवसर पर उन्होंने एक नयी रुबाई भी लिखी थी–

*घिस घिस जाता कालचक्र में हर मिट्टी के तन वाला*
*पर अपवाद बनी बैठी है मेरी यह साक़ी बाला*
*जितनी मेरी उम्र वृद्ध मैं उससे ज़्यादा लगता हूँ*
*अर्द्धशती की होकर के भी षोडश बरती मधुशाला*

मधुशाला, हिन्दी काव्य साहित्य के संसार में अपना मैयार आप है। यह अकेली किताब है जो अपने जन्म से अब तक कई जन्म ले चुकी है और आज तक पाठकों के साथ चलती-फिरती है और बातचीत में मुहावरों की तरह इस्तेमाल होती है। बच्चन जी ने कई विधाओं में लिखा है और स्तरीय लिखा है, लेकिन यह वह पुस्तक है जो अमिताभ के जन्म से पहले वुजूद में आयी थी और उनकी फ़िल्मी शोहरत के बग़ैर भी जन-जन में मशहूर पहले भी थी और अब भी है। इस पुस्तक की लोकप्रियता का एक कारण तो इन रुबाइयों में वे अनोखे प्रतीक हैं, हाला, प्याला, साक़ी बाला आदि और दूसरा आकर्षण इसकी शब्दावली है जिसमें आम आदमी अपने दुख-सुख का इज़हार करता है। इन्हीं के साथ, इन रुबाइयों का मुख्य पात्र धर्म-जाति के घेरे से बाहर होकर सद्भाव की रौशनी फैलाता है। होश वालों की दुनिया में वह ऐसा बेहोश है जो न हिन्दू है न मुसलमान सिर्फ़ इन्सान है, और वह इन्सान जितना सूफ़ी है उतना ही हिन्दू है।

*मुसलमान औ हिन्दू दो हैं, एक मगर उनका प्याला*
*एक मगर उनका मदिरालय, एक मगर उनकी हाला*

*दोनों रहते एक न जब तक मन्दिर मस्जिद को जाता*
*बैर बढ़ाते मन्दिर-मस्जिद, मेल कराती मधुशाला*
*मैं मदिरालय के अन्दर हूँ मेरे हाथों में प्याला*
*प्याले में मदिरालय बिम्बित करने वाली है हाला*
*इस उधेड़बुन ही में मेरा सारा जीवन बीत गया*
*मैं मधुशाला के अन्दर या मेरे अन्दर मधुशाला*

पिछले दिनों सहारा ग्रुप ने बच्चन जी की वर्षगाँठ मनायी थी। इस आयोजन में एक कवि सम्मेलन भी था, जिसमें मैं भी आमन्त्रित था। कवि सम्मेलन के बाद अमिताभ बच्चन को स्टेज पर बुलाया गया और उन्होंने कई साज़ों के साथ अपनी आवाज़ में मधुशाला की कई रुबाइयाँ सुनाई थीं। अमिताभ सुनने से अधिक देखने की चीज़ है। लोगों ने दिल खोलकर उनका स्वागत किया। अमिताभ ने रुबाइयों को अपनी धुन में गाया था, लेकिन जिन्होंने आकाशवाणी में सुरक्षित, सीनियर बच्चन जी की आवाज़ में बिना साज़ के इन्हें सुना था, उन्हें अमिताभ जी की प्रस्तुति पसन्द नहीं आयी। यह भी हो सकता है जब कोई चीज़ आदत बन जाती है तो उसमें थोड़ी-सी भी तब्दीली सुनने वालों को सताती है।

*मैं छिपाना जानता तो जग मुझे साधु समझता*
*शत्रु मेरा बन गया है छल रहित व्यवहार मेरा*

# नज़ीर अकबराबादी और त्योहार

त्योहार बच्चों के होते हैं। उनके लिए ऐसे अवसरों का अर्थ होता है—नये कपड़े, अच्छे जूते, सैर-सपाटा और मिठाइयाँ। वे इन त्योहारों का पहले से इन्तज़ार करते हैं। रात को देर से सोकर जल्दी जाग जाते हैं और ख़ुशियों का शोर मचाते हैं। बचपन गुज़र जाने के बाद, बड़े इन त्योहारों को छोटों की ख़ुशी के लिए मनाते हैं। वे इनमें शामिल होते हैं सिर्फ़ बच्चों के लिए, उन्हें ख़ुश देखकर मुस्कुराते हैं। उनकी ख़ुशी के लिए धन लुटाते हैं। उन्हें ख़ुश करने के लिए नये-नये कपड़े बनवाते हैं, उम्दा क़िस्म की मिठाइयाँ लाते हैं। सच पूछा जाये तो त्योहार मनाने की दो ही उम्रें होती हैं। एक बचपन की उम्र और दूसरी वह उम्र जब लड़के को हर लड़की राजकुमारी और लड़की को अपनी उम्र का हर लड़का बनवारी नज़र आता है। इन दो उम्रों के बीत जाने के बाद, घरवाले अपने लिए कम घरवालों के लिए ज़्यादा जीते हैं। हक़ीक़त में जीने वाली उम्रें यही दो उम्रें होती हैं। इन्हीं उम्रों में जोश, उत्साह और साहस इतना होता है कि कोई काम मुश्किल नज़र नहीं आता। जब महान योद्धा नेपोलियन ने कहा था मेरे शब्दकोश में असम्भव नाम का कोई शब्द नहीं है, तब उसके शरीर में जवानी की हरारत थी और उसमें दुनिया को जीत लेने की ताक़त थी और इन दोनों से दूर पुख़्ता उम्र की हक़ीक़त थी। कहते हैं आदमी तब तक जवान रहता है जब तक दिल में अरमान रहता है, मलिका पुखराज ने भी हफ़ीज़ जालन्धरी का मशहूर गीत गाया था, जिसने कई वर्षों तक, बुढ़ापे की सरहद में दाख़िल होने वालों का दिल बहलाया था...अभी तो मैं जवान हूँ, इस पंक्ति में शब्द 'अभी' में जो ग़म छुपा है उसको विषय बनाकर एक शाइर ने कहा था—

*क्या कहिये कितनी जल्द जवानी गुज़र गयी*
*मैं सोचता रहा, किधर आयी, किधर गयी*
*मैं सिर्फ़ इसकी इतनी हक़ीक़त समझ सका*
*इक लहर थी, जो आयी, उठी और उतर गयी*

जवानी के साथ बचपन को भी सुनहरी उम्र कहते हैं। वह इसलिए कि इस उम्र में ग़म और ख़ुशी के अहसास में अन्तर का आभास नहीं होता। इस उम्र में समय एकजुट होता है। वह हिन्दुस्तान, बांग्लादेश और पाकिस्तान की तरह सरहदों में विभाजित नहीं होता। भविष्य, अतीत और वर्तमान में इसके टुकड़े नहीं होते। सब कुछ वर्तमान होता है, जीवन आसान होता है।

*बच्चों के छोटे हाथों को चाँद-सितारे छूने दो*
*चार किताबें पढ़कर ये भी हम जैसे हो जायेंगे*

बचपन, जवानी और बुढ़ापे की सोचें भी उम्र के साथ बदलती रहती हैं। दुनिया वही रहती है। लेकिन एक ही दुनिया कभी रंगीन नज़र आती है, कभी हसीन नज़र आती है, और कभी ग़मगीन नज़र आती है। लेकिन भारतीय कल्चर में दो अवसर ऐसे भी हैं, जिसमें उम्रों का फ़र्क़ ख़त्म हो जाता है। हर उम्र का आदमी इन त्योहारों में शरीक होता है। उम्रों का अन्तर इन अवसरों में समाप्त हो जाता है। सारे के सारे एक ही उम्र में जीते हैं, हँसते हैं, गाते हैं और जश्न मनाते हैं। उम्रों का फ़र्क़ ख़त्म करने वाले इस त्योहार को हमारे देश में दीपावली कहा जाता है। चिराग़ों का त्योहार, रोशनी का संस्कार, उजालों का सत्कार, यह रोशनी, असत्य पर सत्य की विजय का प्रतीक है, राम-रावण के युद्ध में रावण की पराजय, यानी सच्चाई के हाथों बुराई का अन्त इस जश्न का मूल कारण है। संसार में भले ही सच पर झूठ हावी हो जाये, संसार में भले ही राजनीति में कहीं भी रौशनी नज़र न आये, संसार में भले ही अफ़ग़ानिस्तान और बग़दाद में आम जीवन रोये-चिल्लाये, संसार में भले ही गुजरात इन्सानी ख़ून से नहलाया जाये, संसार में भले ही दिल्ली में गुरु नानक की बानी बेबसी के आँसू बहाये, संसार में भले ही सूफ़ी मुइनुद्दीन चिश्ती की दरगाह पर बम उड़ाया जाये लेकिन संसार में कहीं भी न्याय की पराजय या अन्याय की विजय को त्योहार की तरह नहीं मनाया

जाता। अमेरिका के राष्ट्रपति बुश भी ईसा मसीह की क़ुर्बानी को याद करते हैं, ओसामा बिन लादेन भी अपने हर वक्तव्य को उसी ख़ुदा के नाम से शुरू करते हैं जो रहमान (रहमत करने वाला) भी है और रहीम (रहम करने वाला) भी है। गुजरात के मुख्यमन्त्री नरेन्द्र मोदी भी हर दीवाली में जनता के बीच आकर कई सिरों वाले रावण का पुतला जलाते हैं, और असत्य पर सत्य की जीत का जश्न मनाते हैं। दीवाली और मुहर्रम दो ऐसी यादों से जुड़े हुए अवसर हैं जो छोटे-बड़े, ग़रीब, अमीर, सियासी, ग़ैर-सियासी, हिन्दुत्ववादी, जेहादी सब एक साथ मिलकर सच्चाई का ध्वज लहराते हैं, और संसार की अशान्ति में शान्ति की दुआओं के लिए हाथ उठाते हैं। दीपावली और मुहर्रम दोनों के उद्देश्य ज़रूर एक से हैं, लेकिन फ़र्क़ केवल इतना है, मुहर्रम में हार को जीत के तौर पर मनाया जाता है और दीवाली में राम की जीत को बुराई की पराजय के तौर पर दर्शाया जाता है। इन जश्नों से एक बात तो सिद्ध होती है कि आदमी ऊपर से कुछ भी हो अन्दर से वह झूठ की तुलना में सच के पक्ष में था, है, और हमेशा रहेगा और यही नाउम्मीदी के अँधेरों में रौशनी की किरण के समान है। रौशनी का स्वागत इन्सान की फ़ितरत है, और यही धरती पर आकाश की नेमत है। आकाश की इस नेमत को ग़ालिब के युग में, ताजमहल के नगर के फक्कड़ शाइर ने बड़ी ख़ूबसूरती से याद किया है। नज़ीर अकबराबादी हर आस्था को अपनी आस्था मानते थे, हर धर्म को अपने धर्म की तरह पहचानते थे, हर नेक बन्दे को अपना दोस्त जानते थे...असत्य पर सत्य की जीत—दीवाली को उन्होंने अपनी कई कविताओं का विषय बनाया है। उन्होंने अपने युग में राम को भी गाया था, रावण की हार पर भी दीप जलाया था और कर्बला में यज़ीद और हुसैन की जंग में हुसैन के क़त्ल को ज़िन्दगी की तरह अपनाया था...राम-रावण के युद्ध की तरह हुसैन और यज़ीद की लड़ाई भी इन्साफ़ और नाइन्साफ़ी की लड़ाई के साथ थी।

*जंग के फ़ैसले मैदाँ में कहाँ होते हैं*
*जब तलक हाफ़िज़ा (स्मरण) बाक़ी है,*
*अलम (जंग का निशान) बाक़ी है....*

झूठ-सच के संघर्ष में नज़ीर की क़लम का जादू भी देखिये—नज़ीर सिर्फ़ दीवाली देखते नहीं थे, इसमें शामिल भी होते थे।

*हरेक मकाँ में जला फिर दीया दीवाली का*
*हरेक तरफ़ को उजाला हुआ दीवाली का*
*अजब बहार का है दिन बना दीवाली का*
*मिठाइयों की दुकानें लगा के हलवाई*
*पुकारते हैं कि लाला, दीवाली है आयी*
*शगुन पहले करो तुम ज़रा दीवाली का—*

नज़ीर धरती से जुड़े रचनाकार थे, वह रौशनी के परस्तार थे, अपनी जवानी में किसी के हुस्न के गिरफ़्तार थे, बुढ़ापे में हर आस्था के त्योहार थे—

*जो भी किया, किया न किया फिर किसी को क्या*
*दिल था हमारा, हमने दिया फिर किसी को क्या*

# बृज नारायण चकबस्त

दोहा-क़त्र में एक साहित्यिक संस्था है। नाम है फरोग़ अदब अवार्ड। हर साल इस संस्था की तरफ़ से दो साहित्यकारों का इन्तख़ाब किया जाता है। इनमें एक भारत से और दूसरा पाकिस्तान से होता है। यह संस्था 1996 में कायम हुई थी, तब से अब तक, हिन्द-पाक के 20 साहित्यकार सम्मानित किये जा चुके हैं। इनामों को दिये जाने के बाद, एक आलमी स्तर का मुशायरा भी होता है। इस बार पाकिस्तान अवार्ड कमेटी ने असद मुहम्मद ख़ाँ के नाम का चयन किया था। असद मुहम्मद खाँ कहानीकार भी हैं और शाइर भी। उनकी कथायात्रा जो मध्य प्रदेश की राजधानी भोपाल से शुरू हुई, कराची में कई पुस्तकों की दूरियों से गुज़र चुकी है। इन पुस्तकों में खिड़की भर आसमान से तीसरे पहर की कहानियों तक, वह आम आदमी, अतः अलग चेहरों में चलता-फिरता दिखाई देता है, जो आज़ादी से पहले प्रेमचन्द की कहानी 'कफ़न' में नज़र आया था। आज़ादी के बाद, वह भोपाल आया, भोपाल से फिर सरहद पार करके कराची आया, लेकिन इतना लम्बा सफ़र करने के बाद भी वह जैसा पहले था वैसा ही अब भी है। उनकी क़लम समाज के उस निचले वर्ग की तस्वीरें उतारती है, जो एक मुल्क के तीन हिस्सों में बँट कर भी, जीवन को जीवन की तरह जीने को हाथ-पाँव मारता है। इस्मत चुग़ताई की कथाओं में नन्ही की नानी, चौथी का जोड़ा या दोज़खी में, जीवन का जो दुख-दर्द कहानी का रूप लेता है, वही दूसरे स्तर पर असद मुहम्मद ख़ाँ के लेखन को धार देता है। प्रेमचन्द की शतक जयन्ती पर, उनके उपन्यास 'दो बीघा ज़मीन' में होरी के पात्र पर मैंने एक दोहा लिखा था–

*मुंशी धनपत राय तो, टँगे हैं बनकर याद*
*सुनने वाला कौन है, होरी की फ़रियाद*

दोहा क़तर के मुशायरे में, असद मुहम्मद ख़ाँ ने शाइर की हैसियत से भी शिरकत की थी। उस मुशायरे में उनकी सुनाई गयी कई नज़्मों में एक छोटी-सी नज़्म यूँ थी–

*रात को सोने से पहले/अपने सारे गीत लिख लो।*
*अपनी सब नज़्मों का इमला ठीक कर लो*
*सुबह को शायद कफ़न लेकर/मुवर्रिख़ (इतिहासकार) आयेगा*
*रामबाबू सक्सेना आयेगा*

पाकिस्तान के शाइर की नज़्म की अन्तिम पंक्ति में रामबाबू सक्सेना का नाम सुनकर मैं चौंका, इस चौंकने की वजह भी थी। पिछले दिनों, फैडरल सर सैयद कॉलेज रावलपिण्डी से पाकिस्तानी अदब के नाम से जो किताबें प्रकाशित हुई थीं, उनमें शाइरी की शुरुआत डॉक्टर इक़बाल की नज़्म तुलू-ए-इस्लाम (इस्लाम का उदय) से की गयी थी। इसमें फ़ैज़ तो थे, लेकिन उनके वे समकालीन जो भारत में रह गये थे जैसे सरदार जाफ़री, जाँ निसार, मजाज़ आदि के नाम और उनकी रचनाएँ नहीं थीं। लेकिन मेरा यह चौंकना उस वक़्त शान्त हुआ जब मुझे याद आया, असद मुहम्मद ख़ाँ सन् 1950 में भोपाल से पाकिस्तान गये थे, और जिस उम्र में वह पाकिस्तानी बने थे, उस वक़्त तक उनकी विरासत में मीरो-ग़ालिब के साथ दया शंकर नसीम और रामबाबू सक्सेना भी शिरकत कर चुके थे। रामबाबू सक्सेना बरेली निवासी थे। उनकी किताब तारीख़े अदब उर्दू, जो उन्होंने अंग्रेज़ी में लिखी थी और जिसका उर्दू अनुवाद 1926 में सामने आया, को उर्दू साहित्य के इतिहास की पहली मेयारी किताब समझा जाता है।

यह किताब भाषा की शुरुआत से हाली के युग तक, साहित्य की हर विधा को तारीख़बार बयान करती है। रामबाबू सक्सेना की यह किताब एक ऐसा अदबी वाक़िआ है जो शायद कभी भुलाया न जा सके। इस ऐतिहासिक किताब के ज़रिये ही, स्कूल के दिनों में, बृज नारायण चकबस्त से मेरा पहला परिचय हुआ था। बृज नारायण चकबस्त 1882 में फ़ैज़ाबाद में पैदा हुए।

बचपन में ही, फ़ैज़ाबाद से लखनऊ आ गये। जहाँ उन्होंने 1905 में कैनिंग कॉलेज से बी.ए. किया और वहीं से 1908 में क़ानून की डिग्री हासिल की—मैंने चकबस्त के बारे में पढ़ा था, महफ़िलों में उनके शेर सुने थे, ख़ासकर वे शेर जो पिछले सवा सौ साल से मुहाविरों की सूरत हर जगह बोलचाल का हिस्सा बन चुके हैं। उन्होंने नौ बरस की उम्र में पहली ग़ज़ल कही थी। चकबस्त की शाइरी, हाली और इक़बाल के बाद वजूद में आयी, लेकिन इसमें जो इन्सान नज़र आता है, वह किसी एक धर्म या वर्ग विशेष के दायरे का बन्दी नहीं है, वह इन सीमाओं से दूर होकर वह रास्ता अपनाता नज़र आता है, जो सबको एक बनाता है। उन्होंने अपनी शाइरी के सेक्यूलर अन्दाज़ के बारे में खुद एक जगह लिखा है—

*नया मसलक नया रंगे सुख़न ईजाद करते हैं*
*उरुसे शेर (शेर की दुल्हन) को हम क़ैद से आज़ाद करते हैं*

चकबस्त ने बहुत कम लिखा है। कुदरत ने उन्हें ज़िन्दगी भी कम ही दी थी। लेकिन इस छोटी ज़िन्दगी में उन्होंने जितना लिखा, वह ऐसा लिखा, जो उर्दू साहित्य के इतिहास में उनके नाम को ज़िन्दा रखने के लिए काफ़ी है। भारत में प्रगतिशील आन्दोलन सन् 1935-36 से शुरू होता है। बृज नारायण चकबस्त का कारनामा यह है, कि सज्जाद ज़हीर और मुल्कराज आनन्द के साथ साहित्य में जिस इन्सान का परिचय मिलता है, उसके लिए, चकबस्त 10 वर्ष पहले रास्ता हमवार कर चुके थे।

*ज़िन्दगी क्या है अनासिर में ज़हूरे तरतीब*
*मौत क्या है इन्हीं अज्ज़ा का परेशाँ होना*

*कमाले बुज़दिली है पस्त होना अपनी आँखों में*
*अगर थोड़ी सी हिम्मत हो तो फिर क्या हो नहीं सकता*

*उभरने ही नहीं देती हमें बेमायगी दिल की*
*नहीं तो कौन क़तरा है, जो दरिया हो नहीं सकता*

*दिल में इस तरह से अरमान हैं आज़ादी के*
*जैसे गंगा में झलकती है चमक तारों की।*

बृज नारायण चकबस्त का लखनऊ, बड़े-बड़े उस्तादों—अज़ीज़, सफ़ी, साक़िब आदि का लखनऊ था। लेकिन अंग्रेज़ी तालीम ने उन्हें, उस समय की शाइरी के आम अन्दाज़, मौत के मातम, ज़िन्दगी के ग़म, बनते-बिगड़ते आलम जैसे विषयों से हमेशा दूर रखा। वह मौत के नहीं हौसलों के शाइर थे, इस लिहाज़ से वह यगाना चंगेज़ी के ज़्यादा क़रीब थे। कई साल पहले की बात है। मैं लखनऊ के रेडियो स्टेशन में था, जहाँ मैं बैठा था, मेरे सामने एक बहुत ख़ूबसूरत चेहरे की लड़की बैठी थी। यह लड़की भी चकबस्त सरनेम की थी, बृज नारायण की तीसरी नस्ल से थी। उसके सरनेम से मेरे ज़हन में चकबस्त की कई क़ौमी नज़्में जागने लगीं। फिर यूँ हुआ वह लड़की अचानक खड़ी हुई, और मैंने देखा उसके दोनों पाँव बेकार थे। उसके चेहरे के हुस्न और पैरों की अपाहिजी ने मुझे रामबाबू सक्सेना के लफ़्ज़ याद दिला दिये। बृज नारायण चकबस्त ने बड़े हसरतनाक तरीक़े से इन्तकाल किया। जवानी में 1926 को रायबरेली रेलवे स्टेशन पर उन पर फ़ालिज का हमला हुआ और उसी दिन वह गुज़र गये...

# आज़ादी

आज़ादी जन्म से अब तक छह दहाइयों की लम्बी यात्रा पूरी कर चुकी है। यह अब शिशु तथा युवा आयु से निकलकर 60 वर्षीय बुजुर्ग हो चुकी है। इसने अब तक कई सरकारें बनाईं, कई गिराईं, कभी किसी पार्टी के सर पर ताज रखा। कभी किसी के हाथों में राज रखा। यूँ तो साठ वर्ष की उम्र कुछ ज़्यादा नहीं होती। फिर भी यह उम्र ऐसी ज़रूर होती है जब आगे के सफ़र से अधिक बीते हुए सफ़र का हिसाब-किताब दुरुस्त किया जाता है, और जो हो चुका है उसकी कामयाबियों और नाकामयाबियों को आने वाले दिनों को जगाने-सुलाने का पैमाना बनाता है। विभिन्न धर्मों की तरह आज़ादी के दो रूप हैं। एक वह जो लिखा हुआ होता है, और बहुत सुन्दर और आकर्षक होता है। दूसरा चेहरा वह होता है जो चलता-फिरता नज़र आता है। दोनों रूपों के तुलनात्मक अध्ययन से वह हक़ीक़त सामने आती है जो हँसाती भी है, रुलाती भी है। 19वीं सदी में स्वामी विवेकानन्द ने भारत की एक तस्वीर दिखाई थी। यह वह धरती है जो अनेक महान सन्तों के क़दमों से पावन हुई है। यह वह धरती है, जहाँ आत्मा की अमरता के सिद्धान्त ने जन्म लिया। यहीं एक ऐसे ईश्वर की खोज की गयी, जो एक साथ प्रकृति और मानव में रहता है। इन शब्दों के आईने में जो तस्वीर नज़र आती है वह उस संस्कृति की विरासत है, जो लगभग साढ़े चार हज़ार साल पहले की हक़ीक़त है। पिछले छह साल जो आज़ादी के साठ साल हैं उनसे जुड़े हुए कई सवाल हैं। इन सवालों में से कुछ के जवाबों की गिनती की जा सकती है और यह होना भी चाहिए। आज उन कुर्सियों पर जो पहले विदेशियों के अधिकार में थीं, उन पर अब देशी चेहरे नज़र आते हैं।

जिन अदालतों में पहले इंग्लैण्ड की क्वीन की तस्वीर दिखाई देती थी, अब वहाँ महात्मा गाँधी की तस्वीर दिखाई देती है। पहले अंग्रेज़ हाकिम हुक्म चलाते थे, अब चुनाव में चुने हुए प्रतिनिधि क़ानून बनाते हैं और दरबार सजाते हैं। बम्बई का नाम अब मुम्बई हो गया है। मद्रास को अब चेन्नई कहा जाता है। ग्वालियर के जिस कॉलेज में मैंने तालीम हासिल की थी, उस वक़्त वह विक्टोरिया कॉलेज था, अब उसे महारानी लक्ष्मीबाई के नाम से पुकारा जाता है। शहरों में आबादियाँ गुंजान हुई हैं। बड़े-बड़े कारख़ानों की तादाद में इज़ाफ़ा हुआ है। मध्यवर्ग फैल कर.ज्यादा बड़ा हुआ है, उसके रहन-सहन और खान-पान में चमक-दमक आयी है। बड़े शहरों में कारें पहले से कई गुना अधिक हुई हैं। भारत न्यूक्लियर पावर बन चुका है। हम पड़ोसी देश से दो जंग जीत चुके हैं। विश्व में हर जगह हिन्दुस्तानी दुकानें और हिन्दुस्तान में बना हुआ माल मिलता है। लेकिन यह आज़ादी की पूरी तस्वीर नहीं है, तस्वीर का एक रुख है। इसको पूरा करने के लिए उन बहुत सारे प्रश्नों को भी टटोलना होगा जो 60 साल से अनुत्तर हैं। ये ऐसे सवाल हैं, जिनका अहसास सबको है लेकिन इनके जवाब किसी के पास नहीं हैं। इन प्रश्नों के उत्तर, अब सिर्फ़ मौखिक या लिखित रूप में उस समय नज़र आते हैं, जब चुनाव होता है और हार-जीत के बाद फिर से डस्टबिन में डाल दिये जाते हैं। नेताओं की इस चालाकी से काफ़ी लोग परिचित हैं। लेकिन ये काफ़ी लोग वे हैं जो पढ़े-लिखे हैं और विश्लेषण की सूझ-बूझ रखते हैं। इन काफ़ी लोगों की गणना देश की पूरी आबादी में कितनी, यह सब जानते हैं। सोचने-समझने वाला वर्ग जो अच्छाई और बुराई के फ़र्क़ को पहचानता है, वह इस उथल-पुथल में अपने अलगाव को ही अपनी सुरक्षा मानता है। शिक्षा से वंचित जो देश की आबादी का बड़ा हिस्सा है, वह आज़ादी के जन्म से अब तक लगातार वोट-बैंक की तरह इस्तेमाल किया जाता है। शिक्षा से वंचित, आर्थिक अभावों से ग्रस्त इस वोट बैंक को तरह-तरह के नारों से भटकाया जाता है। कभी मन्दिर, मस्जिद को विवाद बनाया जाता है, कभी भाषा का जाल फैलाया जाता है। कभी क्षेत्रीयता का बिगुल बजाया जाता है, कभी धर्म परिवर्तन का झण्डा उठाया जाता है, कभी छोटी जात बड़ी जात का मुद्दा जगाया जाता है, और आपस में ही एक से दूसरे को लड़ाया जाता है।

मैं एक बार भोपाल में गवर्नर हाउस में शेर सुना रहा था। मैंने वहाँ एक कविता पढ़ी थी, जो मुम्बई के 1992-1993 के दंगों के दौरान लिखी गयी थी। कविता की शुरू की पंक्तियाँ यूँ थीं—

*हुआ सवेरा*
*ज़मीन पर फ़िर अदब से आकाश अपने सिर को झुका रहा है*
*नयी फ़िज़ा में नया उजाला तमाम बस्ती सजा रहा है*
*कि बच्चा स्कूल जा रहा है।*

इस कविता को सुनाने से पहले मैंने कहा था, हमारे समाज में सारी बुराइयों की जड़ अज्ञान है, शिक्षा की कमी है—जब समाज शिक्षित हो जायेगा तो अँधेरा ख़ुद-ब-ख़ुद छँट जायेगा। आयोजन के बाद एक महिला अधिकारी ने मुझसे कहा कि कविता सुन्दर है लेकिन शिक्षा के सम्बन्ध में आपके विचार से मैं सहमत नहीं हूँ। उनकी असहमति में काफ़ी वज़न था। तालीम ज़रूरी है लेकिन तालीम कैसी हो इसकी पहचान ज़्यादा ज़रूरी है। सरकारी स्कूलों और कॉलेजों में भी पढ़ाई होती है। इनके साथ साम्प्रदायिक राजनीति के मदरसों और शिशु मन्दिरों में बच्चों को मनचाहा आकार दिया जाता है। शिक्षा का यह प्रदूषण हमारे समाज में गये हुए अंग्रेज़ों की बाँटो और राज करो की सोची-समझी रिवायत की विरासत है। जिन दिनों अमेरिका में बुश और कैरी का इलेक्शन का वातावरण ज़ोरों पर था, मैं वाशिंगटन में था, टी.वी. पर मैंने दोनों के चुनाव पूर्व भाषण सुनकर सोचा था, बुश की तुलना में कैरी की दलीलें और तर्क इतने मज़बूत हैं कि बुश को अपनी जमानत बचाना कठिन होगा। मेरे साथ ठहरे हुए एक अमेरिकन ने मेरी बात मानने से इनकार किया जो मैंने उस समय तो स्वीकार नहीं किया लेकिन भारत लौटने पर पता लगा मैं वाकई ग़लत था। बुश ने बड़ी चालाकी से आतंकवाद की लड़ाई को ईसाइयत और इस्लाम के धार्मिक युद्ध में बदलकर जीत हासिल कर ली। मालूम पड़ा वोट बैंक की भेड़-बकरियों की संख्या वहाँ भी हमारे देश से कम नहीं है। राजनीति जब जनसेवा से दूर होकर पेशा बन जाती है तो ऐसे ही उपद्रव मचाती है, और नये-नये मुद्दों में उलझाकर जनता का इस्तेमाल करती है। राजस्थान में अजमेर में ख़्वाजा साहब की

दरगाह में मन्नतों की बड़ी-बड़ी देगें हैं, 25 मन चावल, 40 मन चावल की, धनवान श्रद्धालु अपनी मुरादें पूरी होने के बाद इन देगों को पकवाते हैं। इन देगों को पकाने वाले देग के ऊपर से एक चावल निकालकर पूरी देग के पकने या न पकने का अन्दाज़ा लगाते हैं। मुझे एक बार दरभंगा के एक प्रोग्राम में बुलाया गया। बम्बई से पटना हवाई जहाज़ से गया। वहाँ से 80 या 100 मील की दूरी पर दरभंगा तक कार में यात्रा की, लेकिन वह छोटी-सी दूरी दिन के रात होने तक पूरी हुई। शहर में आये तो मालूम पड़ा पूरे का पूरा नगर अँधेरे में है। कहीं-कहीं रोशनी की टिमटिमाहटें हैं। दूसरे दिन आयोजन स्थल पर हज़ारों की तादाद में जनता को बैठे हुए देखा और रेलमन्त्री लालू प्रसाद यादव भाषण में सच्चर कमेटी की रिपोर्ट दोहरा रहे थे और लोग ताली बजा रहे थे। वह मुसलमानों के साथ नाइन्साफ़ी की कथा सुना रहे थे और लोग नगर के अँधेरे और ख़राब सड़कों को भूलकर, लालू प्रसाद ज़िन्दाबाद के नारे लगा रहे थे...आज़ादी एक वरदान है, इसका सम्मान आवश्यक है, लेकिन आज़ादी संविधान से निकलकर केवल चन्द महानगरों में ही नहीं घूमे। उन इलाक़ों में भी जाकर कुछ दिन बिताये, जहाँ आज भी जीवन अच्छी सड़कों, रौशनी और पीने के पानी से दूर है। जब तक आज़ादी देश के हर घर में नहीं जगमगायेगी, वह पूरी आज़ादी नहीं कहलायेगी। फ़िल्म 'धूप' में मैंने एक गीत लिखा था उसकी पंक्तियाँ हैं–

*हरेक घर में दीया भी जले, अनाज भी हो!*
*अगर न हो कहीं ऐसा तो एहतिजाज (विरोध) भी हो।*
*हुकूमतों को बदलना तो कुछ मुहाल नहीं!*
*हुकूमतें जो बदलता है वह समाज भी हो।*

# फ़तवा

आजकल हर तरफ़ फ़तवों का बाज़ार गर्म है। फ़तवा अरबी भाषा का लफ़्ज़ है, जो अब जन भाषा का हिस्सा बन चुका है। फ़तवा देने वाला किसी धार्मिक संस्था से जुड़ा होता है, और वह धर्म की अपनी मान्यता के अनुसार किसी भी अमल को जायज़ या नाजायज़ करार देता है। फ़तवा देने वाले को मुफ़्ती कहते हैं। ये मुफ़्ती अलग-अलग तरह से शरीअत (इस्लामी क़ानून) की व्याख्या करते हैं, और फ़ैसले सुनाते हैं। इन फ़ैसलों पर एक ही धर्म की विभिन्न संस्थाओं के मतभेद भी सामने आते रहते हैं। समय के साथ इसी मतभेद के कारण, एक धर्म कई वर्गों में बँटा हुआ लगता है। कोई शिया, कोई सुन्नी, कोई बोहरा, कोई खोजा, कोई क़ादियानी, कोई-कोई आग़ाखानी—इनमें सबकी जायज़-नाजायज़ और अच्छे-बुरे की पहचान अपनी होती है जो अक्सर एक-दूसरे से मेल नहीं खाती। शिया और सुन्नी की तो मस्जिदें ही नहीं, मरने के बाद दफ़्न होने के क़ब्रिस्तान भी अलग होते हैं। यह अलगाव कभी मुहर्रम के दस मातमी दिनों में उग्र रूप धार लेता है और दोनों पक्षों के दो-चार को डकार लेता है। पाकिस्तान में शिया मस्जिद पर सुन्नियों का आक्रमण और सुन्नियों के ख़ुदा के घरों पर शियों के हमलों की ख़बरें लगातार पढ़ी जाती हैं और सुनी जाती हैं....ईरान-इराक़ के दस वर्षीय युद्ध का कारण भी यही अलगाव था। एक ही धर्म में इस तरह का वर्गीय विभाजन किसी एक धर्म तक सीमित नहीं है, हर धर्म इस बीमारी से परेशान है, धर्म जब ईमान से दूर होकर दुकान बन जाता है तो ऐसा ही शोर मचाता है, और इस तरह कभी शोषित इमराना को अपराधी ठहराता है, कभी शाहबानो के विरोध में झण्डा उठाता है, कभी बम्बई में मदनपुरा

के इलाक़े में लड़कियों को कॉलेज में शिक्षा लेने पर धमकाता है और कभी लड़का-लड़की के साथ-साथ पढ़ने का विवाद चलाता है, अख़बारी और टीवी चैनलों पर मुसलमान के रूप में जिसे दिखाया जाता है उसके चेहरे पर हमेशा दाढ़ी और सर पर टोपी होती है। मुम्बई पुलिस ने भी एकता और सद्भाव के जो पोस्टर बनाकर जगह-जगह लगाये हैं, उसमें हिन्दू की पहचान सर की चोटी, और मुसलमान की शिनाख्त तुरकी टोपी से कराई गयी है। फ़िल्मों में भी मुसलमान के लिए दाढ़ी और टोपी ज़रूरी समझी जाती है। धर्म जब शुरू होता है इन्सान की भलाई के लिए होता है। कुछ वर्षों के बाद वही धर्म आपस की लड़ाई के लिए होता है, इन लड़ाइयों से इतिहास का बड़ा हिस्सा भरा हुआ है। देशों के मतभेद हार-जीत के बाद समाप्त हो जाते हैं, लेकिन धार्मिक मतभेद और इनका टकराव लगातार जारी रहता है। 1400 साल पहले अतीत में जो हुआ, वो उचित था या अनुचित था यह विवाद आज भी ज़िन्दा है। अतीत को बदलना या उसमें सुधार सम्भव नहीं है, ये सब जानते हैं—फिर भी अतीत में जो हुआ उसे उचित समझने वाले और अनुचित मानने वाले अब भी आपस में एक-दूसरे से टकराते रहते हैं और शान्ति में अशान्ति फैलाते रहते हैं। डॉक्टर इक़बाल ने एक बार शिकवा के शीर्षक से एक लम्बी कविता लिखी थी जिसमें ख़ुदा से सीधा संवाद स्थापित किया गया था। इसमें मानव के पतन का ज़िम्मेदार ख़ुदा को ठहराया गया था। इसकी दो पंक्तियाँ यूँ हैं—

*कभी हमसे कभी ग़ैरों से शनासाई (परिचय) है*
*बात करने की नहीं तू भी तो हरजाई है...*

ख़ुदा के साथ इस प्रकार की गुस्ताख़ी पर कट्टरपन्थियों ने उनके ख़िलाफ़ फ़तवा चढ़ा दिया, और उन्हें इस कविता के जवाब में 'जवाबे शिकवा' के शीर्षक से एक और कविता लिखने पर विवश होना पड़ा। पहली कविता में ख़ुदा से इन्सान के प्रति उसकी नामहरबानी की शिकायत थी, तो दूसरी में ख़ुदा के प्रति इन्सान की नादानी की हिकायत थी। इसमें उन्होंने मुसलमानों के पतन की ज़िम्मेदारी ख़ुद धर्म के ठेकेदारों पर डाली थी। विरोध दोनों कविताओं का विषय है अन्तर केवल इतना है, पहली कविता में फोकस

ख़ुदा पर है, दूसरी में फोकस में ख़ुदा के बन्दे हैं। इन ख़ुदा के बन्दों में उनके व्यंग्य की धार उन्हीं मतभेदों पर है, जो मुहब्बत छोड़कर नफ़रत का कारोबार करते हैं। इस कविता की दो पंक्तियाँ हैं–

*फ़िरक़ाबन्दी (वर्गीकरण) है कहीं और कहीं जाते हैं*
*क्या ज़माने में पनपने की यही बातें हैं*

डॉक्टर इक़बाल से कुछ पहले ही, ग़ालिब के युग में, स्वयं ग़ालिब और सर सैयद अहमद ख़ाँ को भी मुल्लाओं और मुफ़्तियों के ग़ुस्से का निशाना बनना पड़ा, ग़ालिब तो ख़ैर शाइर थे और थोड़े से कठिन शाइर थे। वह दूसरे शाइरों की तरह आसानी से समझ में नहीं आते थे। उन्हें समझने के लिए अधिक बुद्धि की ज़रूरत होती है। जो मुल्लाओं के पास कभी नहीं रही वर्ना ऐसे शेरों पर उन्हें सहजता से बिरादरी बाहर किया जा सकता था...ग़ालिब प्रश्न पैदा करने वाले रचनाकार थे, और मुल्लाओं और मुफ़्तियों के शब्दकोश में इस शब्द का अर्थ अधर्म ही होता है। ग़ालिब ने खुले तौर पर कहा था–

*हमको मालूम है जन्नत की हक़ीक़त लेकिन*
*दिल के बहलाने को ग़ालिब यह ख़्याल अच्छा है*

*न था कुछ तो ख़ुदा था, कुछ न होता तो ख़ुदा होता*
*डुबोया मुझको होने ने, न होता मैं तो क्या होता....*

ग़ालिब से पहले मीर थे...मीर साहब ने तो डॉ. अम्बेडकर की भाँति धर्म परिवर्तन का ही ऐलान कर दिया था।

*मीर के दीनो मज़हब को क्या पूछो हो उन ने तो....*
*कश्का (तिलक) खेंचा, देर (मन्दिर) में बैठा कब का तर्क इस्लाम किया*

सर सैयद अहमद ख़ाँ ने जब ईस्ट इंडिया कम्पनी के पाँव ज़माने के बाद, मुसलमानों को अंग्रेज़ी तालीम हासिल करने पर इसरार किया, तो उस युग के मुफ़्तियों ने उन्हें अपने फ़तवों द्वारा, इस्लाम दुश्मन मशहूर किया। लेकिन आज सर सैयद अहमद ख़ाँ की इस कोशिश की याद हर वर्ष विश्व भर में मनाई जाती है, और उनके ख़िलाफ़ फ़तवा लगाने वालों के नाम भी आज किसी को याद नहीं।

शाइरे इंक़लाब जोश मलीहाबादी भी जब हिन्दुस्तान छोड़कर पाकिस्तान गये थे, तो अपने प्रगतिशील विचारों की वजह से हमेशा मुफ़्तियों के निशानों पर रहे। उनका दोष सिर्फ़ इतना था कि वह ख़ुदा और मज़हब को रस्मों-रिवाज़ों के परम्परागत घेरों से निकालकर, आम आदमी के दुख-दर्द से जोड़ना चाहते थे और कट्टरपन्थी इस रवैये को हमेशा की तरह तोड़ना चाहते थे...हिन्दुस्तान में जोश की महफ़िलें साहित्य की दुनिया में मशहूर थीं...वही महफ़िलों में खुलकर खेलने वाले जोश, बुढ़ापे के एकान्त में अपने अकेलेपन का मर्सिया बन गये...मुल्लाओं की मुल्लाइयत ने उनका सामाजिक बायकाट किया, क्योंकि उन्होंने लकीर के फ़कीर वालों की आस्था पर सन्देह किया था–जोश का शेर है–

*हम ऐसे एहले ख़िरद (अक्लवालों को) को सुबूते हक़ के लिए*
*अगर रसूल न आते तो सुबह काफ़ी थी*

# भारत भूषण

ज़िन्दगी इस संसार में एक चलते-फिरते तमाशे के समान है। इस तमाशे की वह ख़ुद ही तमाशाई है और स्वयं ही तमाशा है। इस तमाशे की शुरुआत आदमी के जन्म से ही हो जाती है। जन्म होते ही, वह कुम्हार की मिट्टी की तरह अलग-अलग आकारों में ढलता रहता है, निरन्तर बदलता रहता है। एक ही आईने में, कभी वह बचपन की किलकारियाँ मारता है, कभी तरुणाई की दिलदारियाँ सँवारता है और यूँ ही बूढ़ा होकर वर्तमान में अतीत को पुकारता है। वह निरन्तर बदलता रहता है और जो है, उसमें जो नहीं है, उस पर हाथ मलता रहता है। इलाक़ों की टॉपोग्राफी की तरह आदमी का चेहरा मोहरा भी, समय के साथ नये-नये रूप लेता रहता है। कुछ स्वयं में होती इस लगातार तब्दीली को निभाते रहते हैं, कुछ इसको अपना ग़म बनाकर ख़ुद को सताते रहते हैं। वक़्त के साथ निभाइये, या इसे हठधर्मी समझकर ख़ुद को सताइये, इससे कोई फ़र्क़ नहीं पड़ता। समय अपनी गति से बहता रहा है और बहता रहेगा। जो कल था वह आज नहीं है, जो आज है वह कल नहीं होगा। कविता में खोए हुए बचपन, और गुज़रे हुए यौवन को हमेशा याद किया जाता है। यह जानते हुए भी कि जो जाता है वह लौट कर नहीं आता है। बचपन से ज़्यादा जवानी का मातम कविता का ख़ास विषय रहा है। मिर्ज़ा ग़ालिब बड़ी आन-बान के शाइर थे। उन्होंने अपने बुढ़ापे को तो ग़ज़ल में एक-दो जगह ही अपना विषय बनाया है, लेकिन अपने ख़तों में अपनी गुज़री हुई जवानी को बार-बार याद किया है। एक ख़त में जवानी में अपनी गुलाबी रंगत और चेहरे की ख़ूबसूरती का ज़िक्र

किया है और दूसरे में अपने मुखालिफों को, जो उन्हें बुढ़ापे में माँ-बहन की गालियों भरे पत्र लिखते थे, यूँ फटकारा था। मियाँ तुम्हें बूढ़े आदमी को गाली देने का तरीक़ा भी नहीं आता। उम्र के जिस हिस्से में मैं हूँ उसमें गाली माँ-बहन की नहीं दी जाती, बेटी की दी जाती है। ग़ालिब विश्वासों की जगह सन्देहों के शाइर थे। उन्हें ख़ुदा के होने पर शक़ भी था और उसके न होने का ग़म भी था। उन्होंने कहा था–

*हम को मालूम है जन्नत की हक़ीक़त लेकिन*
*दिल के ख़ुश रखने को ग़ालिब यह ख़्याल अच्छा है*

सन्देहों ने ग़ालिब को ज़्यादा रंजूर तो किया, परन्तु उन शिकायतों से दूर रखा, जो उनसे पहले और बाद के शाइरों की शाइरी में बार-बार दोहराई जाती हैं। जोश मलीहाबादी ने अपनी आत्मकथा 'यादों की बारात' में अपनी जवानी को जितनी रंगीनी से बयान किया है, अपनी शाइरी में बुढ़ापे का उतना ही अपमान किया है। वह अपनी जवानी की ग्यारह महबूबाओं का ज़िक्र तो फरमाते हैं, लेकिन बुढ़ापे में अपनी ही उम्र की पत्नी को देखने से घबराते हैं। अपनी एक रुबाई में, ढलती जवानी से निकलते बुढ़ापे को उन्होंने इस तरह कोसा है–

*मुमकिन हो तो सूली पे चढ़ाना यारव*
*या नारे जहन्नुम (नरक की आग) में जलाना यारव*
*माशूक़ कहें आप हमारे हैं बुज़ुर्ग*
*नाचीज़ को वह दिन न दिखाना यारव*

वह बढ़ती उम्र में, अपनी हमउम्र प्रेमिकाओं को ही नहीं कोसते, आईने में अपनी शक्ल देखकर भी दिल मसोसते हैं। वह जवानी गुज़रने के बाद भी उसके गुज़र जाने पर यक़ीन नहीं करते। यही उनका ग़म है। इस ग़म को बहलाने के लिए वह ख़ुद भी धोखा खाते हैं और अपने पाठकों को धोखे में रखते हैं। देखिये किस तरह आदमी बूढ़ा होकर भी अपने बूढ़े होने को झुठलाता है। जोश साहब की एक और रुबाई है–

*कैसा यह अजब दौर नज़र आता है*
*बदला हुआ हर तौर नज़र आता है*
*आईने में यह मैं तो नहीं हूँ ऐ जोश*
*बूढ़ा सा कोई और नज़र आता है*

वक़्त के बदलते रंगों का असर शाइरों और कवियों से अधिक फ़िल्म अभिनेताओं और अभिनेत्रियों पर नज़र आता है। उनका नाम और काम चेहरों से ही चलता है और चेहरे हमेशा एक से नहीं रहते। वक़्त उन्हें मुसलसल बदलता रहता है। मीना कुमारी जब कमाल अमरोही से अलग होकर अकेली रहने लगी थीं, तो उन्होंने अपने अकेले सफ़र में शराब को अपना हमसफ़र बना लिया था। उनकी शराब जब कभी होश में आती थी, तो वह उनके चेहरे का आईना बन जाती थी और मीना जी एक शेर दोहराती थीं–

*आईना देखकर ख़याल आया*
*तुम मुझे बेमिसाल कहते थे*

नहीं मालूम इस शेर में 'तुम' का सम्बोधन किसके लिए था, क्योंकि उन दिनों उनकी तनहाइयों में कई नामी गिरामी हस्तियाँ शरीक थीं। उनमें धर्मेन्द्र भी थे, गुलज़ार भी थे। सावन कुमार टाँक भी थे। मेरा एक शेर है–

*हर तरफ़ हर जगह बेशुमार आदमी*
*फिर भी तनहाइयों का शिकार आदमी*

बढ़ती हुई उम्रों से समझौता करना आसान नहीं होता। इसका अहसास मुझे भारत भूषण से मिलकर हुआ। मुझे किसी किताब की ज़रूरत थी, और भारत जी की अपनी लाइब्रेरी पूरी इंडस्ट्री में मशहूर थी। शाम का वक़्त था, और बम्बई में शाम जाम के बग़ैर नाकाम समझी जाती है। भारत जी उन दिनों, जुहू से बान्द्रा लिंकिंग रोड के एक फ़्लैट में रहने लगे थे। वह हालात की वजह से बड़ी जगह से छोटी जगह में आये थे...लेकिन इस छोटी जगह में भी उनकी बड़ी लाइब्रेरी के लिए गुंजाइश पैदा कर ली गयी थी। दूसरा पेग ख़त्म होते ही, भारत जी के हाथों में उनकी पुरानी फ़िल्मों के एलबम थे। मिर्ज़ा ग़ालिब की भूमिका में भारत भूषण, बैजू बावरा के रूप में भारत भूषण,

इन सुन्दर तस्वीरों को दिखाते हुए, भारत जी का चेहरा आप ही आप बदलता जा रहा था। मुझे लगा उनकी ख़ामोशी कुछ बोलना चाहती है, लेकिन जिसे वह मुझे नहीं सुनाना चाहते। इतने में उनकी एक अपाहिज जवान लड़की व्हील-चेयर पर मेरे लिए किताब लेकर कमरे में दाख़िल हुई। उसे देखते ही, भारत जी की आँखों से अचानक आँसू बह निकले। इन आँसुओं के साथ उनके शब्द थे। क़िस्मत ने कैसी नाइन्साफ़ी की है इसके साथ। न जाने मेरे किस जन्म के पाप का इसे दण्ड मिल रहा है। साहिर का एक शेर है—

*दूसरा ग़म तो बहाना ही बना करता है*
*सबको अपनी ही किसी बात पर रोना आया—*

नहीं मालूम उस समय भारत जी अपने शानदार माज़ी से दूर होने की बेबसी पर रोए थे या अपनी ख़ूबसूरत चेहरे वाली बेटी की अपाहिज ज़िन्दगी पर रोए थे। इसी सन्दर्भ में मुझे अपने एक सीनियर दोस्त भी याद आते हैं। उनका नाम मोहन जवेरी था। उन दिनों अस्सी साल को पार करके 82 से गुज़र रहे थे। लेकिन इस उम्र में भी उनके लिबास, रंगीन मिज़ाज और शाइरी और फ़िल्मों में उनकी दिलचस्पी जवानों जैसी थी। जवानी में जाँ निसार, कैफ़ी और मजरूह की महफ़िलों में जाम छलकाते थे, अब हफ़्ते में एक-दो बार मेरे घर स्कॉच की बोतल लेकर आते थे। मातृभाषा गुजराती थी लेकिन उर्दू-हिन्दी कविता के शैदाई थे। जब भी आते थे, एक-दो घंटे खूब महफ़िल जमती थी। एक बार आये तो चेहरे पर कुछ ज़्यादा ही ख़ुशी चमक रही थी। मैंने इसकी वजह पूछी तो होंठों पर एक शर्मीली सी मुस्कुराहट सजाकर ख़ामोश हो गये, और बोतल खोलकर मेरे लिए बड़ा और अपने लिए छोटा पेग बनाने लगे। जब थोड़ा-सा सुरूर आया, तो मुस्कुराते हुए बोले आज मेरे लिए बड़ी ख़ुशी का दिन है। वर्षों की आरज़ू पूरी हुई है आज। मैंने सोचा, शायद जवेरी साहब की किसी पोती या नवासे की शादी तय हुई होगी। मुझे सोचता देखकर उन्होंने जेब से, ख़ुशबू में बसा हुआ एक लिफ़ाफ़ा निकाला और कहा—यह देखो... आज से 62 साल पहले जो ख़्वाब देखा था उसकी ताबीर आज मिली है। मैं उनकी बातों से हैरत में था। उन्होंने कहना शुरू किया।

बम्बई के ही एक कॉलेज में वह मेरे साथ थी। वह कॉलेज की सबसे हसीन लड़की थी और मैं उसे चाहता था। उस वक़्त मेरे और उसके बीच धर्म दीवार बन गया और उसकी शादी किसी और से हो गयी। पहली मुहब्बत, जीवन में मुश्किल से भूलती है, लेकिन मजबूरी ने जीना सिखा दिया था। मेरी भी शादी हो गयी लेकिन आज अचानक मेरे पते पर उसका ख़त आया तो वह अपने हुस्न और जवानी के साथ फिर से याद आने लगी और उसकी दूरी सताने लगी। उसने मुझे दिल्ली बुलाया है। मेरे तीन पेग हो गये थे, मैंने उनसे कहा—जवेरी साहब अगर आपको उससे वाकई प्यार है, तो एक काम कीजिए। फ़रमाइये? मैंने कहा उससे मिलने नहीं जाइये। वह क्यों, मैंने कहा वह यूँ...आप उनके 16 बरस के रूप को सँवारिये और उन्हें 18 बरस वाले आपको निहारने दीजिए...आप मिलने जायेंगे तो वह 16 से 80 की हो जायेगी और आप...। पता नहीं उन्होंने मेरी बात मानी या नहीं, लेकिन मैंने इस विषय पर एक कविता लिखी थी—

*वक़्त ने मेरे बालों में चाँदी भर दी*
*इधर-उधर जाने की आदत कम कर दी*

*आईना जो कहता है सच कहता है*
*एक सा चेहरा-मोहरा किसका रहता है*

*इसी बदलते वक़्त के सहरा में लेकिन*
*कहीं किसी घर में इक लड़की ऐसी है*

*बरसों पहले जैसी थी वह अब भी बिल्कुल वैसी है*

# यास यगाना चंगेज़ी

मिर्ज़ा असदुल्लाह ख़ाँ ग़ालिब (जन्म 26 दिसम्बर 1797) अपने रंग-ढंग के अनोखे इन्सान थे। वह बड़े शाइर ही नहीं थे, उन्हें अपने बड़ेपन का अहसास भी था। लेकिन इस अहसास के बावजूद, उन्हें अपने अलावा किसी दूसरे का शेर कम ही पसन्द आता था। लेकिन कभी इत्तिफ़ाक़ से ऐसा हो जाता था, तो उनकी प्रशंसा आगे-पीछे की सारी हदों को फलाँग जाती थी। मोमिन ख़ाँ उनके समकालीन थे। उनकी ग़ज़ल में एक शेर है—

*तुम मेरे पास होते हो गोया*
*जब कोई दूसरा नहीं होता*

मिर्ज़ा ने जब यह शेर सुना, तो इसके बदले में अपना पूरा दीवान देने पर आमादा हो गये। मोमिन के इस शेर में वही ख़्याल दोहराया गया है जो उनसे बहुत पहले कबीरदास के यहाँ मिल जाता है। कबीर की पंक्ति यूँ है—

*प्रेम गली अति साँकरी*
*ता में दो न समाई*

मगर मोमिन ख़ाँ ने इसी बात को अपने शेर में नये अन्दाज़ से पेश किया है। ग़ालिब बयान से अधिक अन्दाज़े बयान के क़ायल थे। उन्हीं का शेर है—

*हैं और भी दुनिया सुखनवर बहुत अच्छे*
*कहते हैं कि ग़ालिब का है अन्दाज़े बयाँ और*

और ग़ालिब तो मोमिन के एक ही शेर के परस्तार थे, मगर बीसवीं सदी के आख़िरी दौर के आलोचक नियाज़ फ़तेहपुरी उनकी पूरी शाइरी के गिरफ़्तार थे। उन्होंने कहा था, अगर इत्तिफ़ाक़ से मेरे किताब घर में आग लग जाये, तो मैं जो एक किताब बचाने की कोशिश करूँगा, वह दीवाने मोमिन (संकलन) होगी। किसी की पसन्द/नापसन्द पर चर्चा तो हो सकती है, उस पर शक़ नहीं किया जा सकता। नियाज़ फ़तहपुरी अपने ज़माने के एक साहित्यिक और मैयारी पत्रिका 'निगार' के सम्पादक थे। इसमें किसी कविता या लेख का प्रकाशन कवि/लेखक को पूरे देश में स्थापित कर देता था। मोमिन ख़ाँ की शाइरी को पसन्द करने की वजह को नियाज़ के एक जुमले में तलाश किया जा सकता है। उन्होंने लिखा था, 'मैं क़सम खा के कह सकता हूँ, मैंने ज़िन्दगी में कोई बदशक्ल औरत नहीं देखी।' इस जुमले में उनकी वह आशिक मिज़ाजी झलकती है, जो मोमिन की शाइरी की विशेषता है और जो ग़ालिब के यहाँ कम-कम ही दिखाई देती है। ग़ालिब तो इश्क़ को दिमाग़ का खलल समझते थे। उनकी एक लाइन है....

*कहते हैं जिसको इश्क़, ख़लल है दिमाग़ का*

हर पसन्द/नापसन्द की अपनी कसौटी होती है, ज़रूरी नहीं जिस कसौटी को कोई अपना मैयार मानता है, दूसरा भी उसी पर कसकर अपनी पसन्द/नापसन्द को पहचानता हो। बीसवीं सदी को ग़ज़ल विधा की बुलन्दी का दौर कहा जाता है। इस दौर के आसमान के सितारों में हसरत मोहानी, फ़ानी बदायूँनी, असग़र गोंडवी, जिगर मुरादाबादी, फ़िराक़ गोरखपुरी और यगाना चंगेज़ी जैसे नाम शामिल हैं। अगर मुझे इनमें से किसी एक नाम के चयन के लिए मजबूर किया जाये तो मैं इनमें से जो नाम चुनूँगा...वह नाम यास यगाना चंगेज़ी होगा। इस चयन का मेरा अपना तर्क है, जो मेरा काव्य दृष्टिकोण भी है। मेरे ख़याल से, जिस विधा का इतिहास अलाउद्दीन ख़िलजी से आज़ाद हिन्दुस्तान के लम्बे युग तक फैला हुआ हो, उसमें अच्छा शेर लिखना कठिन नहीं होता, अपना शेर कहना मुश्किल होता है। यगाना ने इस मुश्किल को जिस ज़हानत से आसान किया है वह ग़ज़ल का एक कारनामा है, यगाना की ग़ज़ल में यह अपनापन न केवल ग़ज़ल की भाषा में नज़र आता है उन विषयों में भी जगमगाता है जो उनकी ग़ज़ल को समकालीनों

में ही मुख़ालिफ़त नहीं बनाता, आगे आने वाली ग़ज़ल को भी नया रास्ता दिखाता है। यगाना की ग़ज़ल का रिश्ता न असग़र गोंडवी के अध्यात्म से है, न फ़ानी की मौत परस्ती से है, न जिगर की दूरियों की मोहब्बत से है, और न हसरत की कोठे पर नंगे पाँव आने की जवान शरारत से है।

यगाना न इक़बाल के इस्लामी आस्थाओं के गिरफ़्तार हैं और न हाली के सिर्फ़ मुसलमानों के मार्गदर्शन से सरशार हैं। यगाना की शाइरी का केन्द्रीय पात्र, वह इन्सान है, जो भारत में आज़ादी की लड़ाई में भारतवासियों के उत्साह, संघर्ष, और मरदानगी के तेवरों से भरा हुआ है। वह किसी धर्म और इलाक़े में सीमित न होकर सारे इन्सानों को अपनी बिरादरी का हिस्सा मानता है। ग़ज़ल के संसार में यगाना के इस इन्सान की एक झलक देखते चलिये...

*कृष्ण का हूँ पुजारी अली का बन्दा हूँ*
*यगाना शाने ख़ुदा देखकर रहा न गया*

*सब तिरे सिवा काफ़िर आख़िर इसका मतलब क्या*
*सर फिरा दे इन्साँ का ऐसा ख़ब्ते मज़हब (मज़हबी उन्माद) क्या*

*किधर चला है इधर एक रात बसता जा*
*गरजने वाले गरजता है क्या बरसता जा*

आज के पटना और कल के अज़ीमाबाद के उस्ताद शाइर शाद अज़ीमाबादी के शागिर्द यगाना चंगेज़ी की जीवन यात्रा यास से यगाना और फिर यगाना से चंगेज़ी बनने तक कठिनाइयों से भरा सफ़र है। यह सफ़र जो पटना से 'यास' के रूप में शुरू हुआ था, लखनऊ में समकालीनों की मुख़ालिफ़त के जवाब में यगाना (अद्वितीय) बना और फिर ग़ुस्से में चंगेज़ी बन गया। यास से यगाना और यगाना से चंगेज़ी होने में वह कई मुसीबतों के दायरे में घिरे, घर से बेघर हुए, घर वालों ने साथ छोड़ा, यार-दोस्तों ने मुँह मोड़ा, पेट भरने के लिए अपनी बड़ी लाइब्रेरी को कोड़ियों के मोल बेचना पड़ा...लेकिन इन सबके बावजूद न झूठ को सच बोला, न अपने शब्दों को दूसरों की तराजू में तोला, वह हार कर भी हार न मानने वाली शख़्सियत थे।

*चित भी अपनी है पट भी अपनी है*
*मैं कहाँ हार मानने वाला....*

हारकर भी हार न मानने वाले यगाना (जन्म 1884—मृत्यु 1956) 72 वर्ष की उम्र में भले ही ख़ामोश हो गये लेकिन उनकी शाइरी में वह इन्सानी आवाज़ आज भी बोलती नज़र आती है, जो ग़ालिब और आतश के बाद तीसरी आवाज़ है जिसकी चमक-दमक आधुनिक ग़ज़ल में नज़र आती है।

यगाना के जीवन की तब्दीलियों में जो उनकी रचनात्मकता में सहायक हुई है, उनमें तीन किरदारों का रोल विशेष रहा है— उनमें एक तो उनका मिज़ाज है जो उनके जीन्स से सम्बन्धित है। दूसरा किरदार ग़ालिब का था, जिसकी मुख़ालिफ़त उन्हें महँगी पड़ी और तीसरा किरदार नियाज़ फतहपुरी का था जिन्होंने एक निजी ख़त को दर्या आबादी के हवाले कर दिया और जो उनकी पत्रिका सिद्क़ में छपा...यगाना ने नियाज़ को हम मिज़ाज समझा था और उन्होंने इस हम मिज़ाजी को नकारने की ग़लती की। यगाना ने अपने पत्र में मज़हब और हज़रत मोहम्मद के तअल्लुक़ से अपने कुछ सवाल पेश किये थे। इन निजी ख़त को जब पब्लिक बना दिया गया तो लखनऊ के मुसलमान उनसे नाराज़ हो गये और उनका मुँह काला करके गधे पर बिठाकर उनका जुलूस निकाला गया—इस जुलूस में उनके मुँह पर थूका भी गया और गालियों से भी नवाज़ा गया।

*कोई बन्दा इश्क़ का है कोई बन्दा अक़्ल का*
*पाँत्र अपने ही न थे क़ाबिल किसी ज़ंजीर के...*

# दुष्यन्त कुमार

भारत में उत्तर प्रदेश, हिन्दी-उर्दू साहित्य की दृष्टि से बड़ा अमीर प्रान्त है, इसके हर नगर की मिट्टी में वह इतिहास सोया हुआ है, जिसको जाने बग़ैर न देश की सियासत को समझा जा सकता है और न इसकी सांस्कृतिक विरासत को समझा जा सकता है। राही मासूम रज़ा ने इसे 52 बेटों की माँ की उपमा से याद किया है। 52 क़स्बों के इस प्रान्त के एक नगर में कुछ दिन पहले मेरा जाने का इत्तिफ़ाक़ हुआ था। शहरनुमा इस छोटी-सी बस्ती बिजनौर में मुशायरा था। मुशायरे से पहले, बस्ती में मुझे इधर-उधर घुमाया जा रहा था। मैं बातों में व्यस्त था, आँखें सुनने वालों के चेहरे पर थीं और ज़मीन पर चल रहे थे पाँव। रास्ता यूपी के हर नगर की तरह मजनूँ के रेगिस्तान जैसा था, जिस पर चलना आसान नहीं था। अचानक ठोकर लगी, पत्थर ने रोककर चलते हुए क़दमों से मेरा नाम पूछा था, पैरों में ज़ुबान नहीं थी...वे ख़ामोश रहे। बस पत्थर मियाँ नाराज़ हो गये...मैं लड़खड़ाया तो साथ वाले ने सहारा दिया और मुस्कुराते हुए कहा...'हुजूर यह बिजनौर है...यहाँ हर चीज़ क़ाबिले ग़ौर है' इस पत्थर की नाराज़गी पर मुझे अपना एक शेर याद आया—

*पत्थरों की भी ज़ुबाँ होती हैं दिल होते हैं*
*अपने घर के दरो-दीवार सजाकर देखो...!*

सर सैयद अहमद ख़ाँ के साथी शिब्ली नौमानी ने इस्लाम के पैग़म्बर हज़रत मोहम्मद की आत्मकथा की पहली किताब, सीरतुन-नबी के नाम से लिखी थी। इस किताब के चौथे संस्करण में एक हदीस के हवाले से लिखा

है हज़रत मोहम्मद ने मुल्क शाम की यात्रा में एक पत्थर को देखकर फ़रमाया था...मैं इस पत्थर को पहचानता हूँ जो पैग़म्बरी से पहले मुझको सलाम किया करता था। बिजनौर के रास्ते के पत्थर ने मुझसे भी बात की थी, लेकिन मैं ठहरा एक साधारण इन्सान, उसकी बात पर ध्यान नहीं दे पाया और उसने क्रोध में आकर मुझे ठोकर मार दी...ख़ैर मैंने उस पत्थर को मुआफ़ कर दिया क्योंकि वह उस नगर का पत्थर था जहाँ कभी मिर्ज़ा ग़ालिब के प्रख्यात आलोचक अब्दुर्रहमान बिजनौरी रहते थे। ग़ालिब के सम्बन्ध में उनका एक वाक्य काफ़ी मशहूर हुआ। भारत में दो ही महत्त्वपूर्ण पुस्तकें हैं। वेद मुक़द्दस (पावन) और दूसरा दीवाने-ग़ालिब। पता नहीं अब्दुर्रहमान बिजनौरी को वेदों की संख्या का ज्ञान था या नहीं, लेकिन एक पुस्तक की चार ग्रन्थों से तुलना तर्क संगत नहीं लगती। फ़िर भी यह वाक्य बिजनौर के एक क़लमकार की क़लम से निकला था और पूरे उर्दू-संसार में मशहूर हुआ। इस नगर के साथ दूसरा नाम जो याद आता है वह हिन्दी ग़ज़लकार दुष्यन्त कुमार का है। दुष्यन्त, नाम के दर्शन पहली बार महान नाटककार कालिदास की नाट्य रचना शाकुन्तम् में होते हैं। उसमें यह नाम एक राजा का था, जो शकुन्तला को अपने प्रेम की निशानी के रूप में एक अँगूठी देकर चला जाता है, और शकुन्तला की जीवन यात्रा इसी अँगूठी के खोने और पाने के इर्द-गिर्द घूमती रहती है। उज्जैन नगरी के राजा दुष्यन्त के सदियों बाद बिजनौर की धरती ने एक और दुष्यन्त कुमार को जन्म दिया। इस बार वह राजा नहीं थे, त्यागी थे। दुष्यन्त कुमार त्यागी, इस दुष्यन्त कुमार त्यागी के पास राजा का अधिकार था, न अँगूठी का उपहार था और न पहली नज़र में होने वाला प्यार था। बीसवीं सदी के दुष्यन्त को कालिदास के युग की विरासत में से बहुत कुछ त्यागना पड़ा। इस नये जन्म में वह आम आदमी थे। आम आदमी का समाज उनका समाज था, आम आदमी की लड़ाई में शामिल होना उनका रिवाज़ था। आम आदमी की तरह उनकी मंज़िल भी सड़क, पानी और अनाज था—

इस आम आदमी का रूप उनके शेरों में कुछ इस तरह है—

*हो गयी है पीर पर्वत सी पिघलनी चाहिए*
*अब हिमालय से कोई गंगा निकलनी चाहिए*

*इक नुमाइश में मिला वह चीथड़े पहने हुए...*
*मैंने पूछा कौन, तो बोला कि हिन्दुस्तान हूँ*

*यहाँ तक आते-आते सूख जाती हैं कई नदियाँ*
*हमें मालूम है पानी कहाँ ठहरा हुआ होगा*

*कहाँ तो तय था चिराग़ाँ हरेक घर के लिए*
*कहाँ चिराग़ मयस्सर नहीं शहर के लिए*

ये सारे शेर उन ग़ज़लों के हैं जो उनकी ग़ज़लों के संग्रह 'साये में धूप' में हैं। यह पुस्तक उनके जीवन (जन्म 27 सितम्बर 1931—मृत्यु 30 दिसम्बर 1975) की आख़िरी पुस्तक है। इन ग़ज़लों तक आते-आते वह नयी कविता, नाटक और उपन्यासों की कई कृतियों से गुज़र चुके थे। इन कृतियों में 'एक कंठ विषपायी', 'सूर्य का स्वागत', 'आवाज़ों के घेरे', 'जलते हुए वन का वसन्त', 'छोटे-छोटे सवाल' और दूसरी गद्य तथा कविता की किताबें शामिल हैं। हैदराबाद के लोकप्रिय प्रगतिशील शाइर मख़दूम मुहीउद्दीन ने कहा था, शाइर को ग़ज़ल उम्र के कम-से-कम चालीस साल पूरे करके शुरू करनी चाहिए। मखदूम ने इशारे में ग़ज़ल विधा के सम्बन्ध में बहुत अहम बात कही है। इसके द्वारा उन्होंने ग़ज़ल में ख़याल की खपत, इस खपत में शब्दों की बुनत और इस बुनत में ध्वनियों की चलत को आईना दिखाया गया है...ग़ज़ल विचार भी है और अभिव्यक्ति का मैयार भी। दुष्यन्त साहित्य में बहुत कुछ करके और जीवन की बड़ी धूप-छाँव से गुज़र के ग़ज़ल विधा की ओर आये थे। दुष्यन्त जिस समय ग़ज़ल संसार में दाख़िल हुए उस समय भोपाल प्रगतिशील शाइरों—ताज भोपाली और कैफ़ भोपाली की ग़ज़लों से जगमगा रहा था। इनके साथ हिन्दी में जो आम आदमी अज्ञेय के ड्राइंग रूम से और मुक्तिबोध की काव्य भाषा से बाहर कर दिया गया था—बड़ी ख़ामोशी से नागार्जुन और धूमिल की संसद से सड़क तक की कविताओं में मुस्कुरा रहा था। इसी ज़माने में फ़िल्मों में एक नये नाराज़ हीरो का आम आदमी के रूप में उदय हो रहा था। दुष्यन्त की ग़ज़ल में इर्द-गिर्द के समाज को जिन आँखों से देखा और दिखाया जा रहा था, वह वही आदमी था जो पहले कबीर, नज़ीर और तुकाराम के अभंगों में

नज़र आया था, जिसने नागार्जुन और धूमिल के शब्दों को धारदार बनाया था, उसी ने दुष्यन्त की ग़ज़ल को चमकाया था। दुष्यन्त की ग़ज़ल उनके युग की नयी पीढ़ी के ग़ुस्से और नाराज़गी से सजी बनी है। यह ग़ुस्सा और नाराज़गी उस अन्याय और राजनीति के कुकर्मों के ख़िलाफ़ नये तेवरों की आवाज़ थी, जो समाज में मध्यवर्गीय झूठेपन की जगह पिछड़े वर्ग की मेहनत और दयानत की नुमाइन्दगी करती है। विषय की तब्दीली के कारण, उनकी ग़ज़ल के क्राफ्ट में भी तब्दीली नज़र आती है, जो कहीं-कहीं लाउड भी महसूस होती है. लेकिन इस तब्दीली ने उनके ग़ज़ल को नये मिज़ाज के क़रीब भी किया है। दुष्यन्त ने केवल देश के आम आदमी से ही हाथ नहीं मिलाया, उस आदमी की भाषा को भी अपनाया और उसी के द्वारा अपने दौर का दुख-दर्द गया...।

*जियें तो अपने बग़ीचे में गुलमुहर के लिए*
*मरें तो ग़ैर की गलियों में गुलमुहर के लिए*

# सुल्ताना जाफ़री

वक़्त के साथ हमारी तहज़ीब के चेहरे भी बदलते हैं। पहले आबादी कम थी, अब ज़्यादा है। बढ़ती हुई जनसंख्या के साथ बाज़ार भी फैला है। फैलते बाज़ार ने अपने मैयार और संस्कार में तब्दीलियाँ पैदा की हैं। इन तब्दीलियों में विज्ञान के नये-नये आविष्कारों का भी अपना रोल काम कर रहा है। टेलीफ़ोन की सुविधा ने ख़तो-किताबत की रस्म को कम कर दिया, टी.वी. चैनलों ने पढ़ने को कम करके देखने पर अधिक ज़ोर दिया, यातायात के तेज़ रफ़्तार साधनों ने किसी दृश्य या नज़ारों से जुड़ने की परम्परा को समाप्त कर दिया, फ़ासले का आकर्षण नज़दीकियों की बोरियत में ढल रहा है। इस बोरियत ने जीवन के मूल्यों पर हमारे विश्वासों को ही समाप्त नहीं किया इस समापन को दर्शन का रूप भी दे दिया। अस्तित्ववादी सोच ने जीवन में निरन्तरता को क्षणिकता में बदल दिया। नस्ल-दर-नस्ल चलने वाला जीवन अब क्षणों का हिसाब-किताब बन गया है...आज बड़े-बड़े पावन ग्रन्थ जो पहले मानव आचरण में नज़र आते थे, नेताओं की बाज़ारी राजनीति में जगमगाते हैं। इन परिवर्तनों ने हमारी तहज़ीब को जो रूप दिया है उसमें क्रिकेट का बल्ला, फ़िल्म अभिनेता का चेहरा, गायक की आवाज़ और राजनेताओं के अल्फ़ाज़ ही ज़्यादा हावी नज़र आते हैं। बाज़ार में जो चीज़ अधिक बिकती है वही हर जगह दिखती है। पहले ग़ालिब की ग़ज़ल अपने पैरों से चलती थी, निराला जी की कविता को देश में घूमने-फिरने में किसी सहारे की ज़रूरत नहीं पड़ती थी, कबीर छोटी संगतों से निकलकर आप ही आप बड़ी सोहबतों में पहुँच जाते थे। लेकिन आज मुआमला दूसरा है। ग़ालिब की ग़ज़ल को जगजीत सिंह या नसीरुद्दीन शाह के अभिनय की

ज़रूरत पड़ती है और हरिवंश राय बच्चन को याद करने के लिए अमिताभ बच्चन को सामने आना पड़ता है। कैफ़ी आज़मी को मनवाने के लिए शबाना आज़मी को अपनी फ़िल्मी शोहरत को काम में लाना पड़ता है। बच्चन जी के साथ ही नागार्जुन और शिवमंगल सिंह सुमन लोक से परलोक सिधारे थे लेकिन सहारा परिवार को अमिताभ के कारण सिर्फ़ बच्चन जी ही याद आये, कैफ़ी आज़मी के आगे-पीछे उनके कई और महत्त्वपूर्ण समकालीन ज़िन्दगी की लड़ाई हारे थे लेकिन रेल मन्त्रालय ने शबाना के कारण कैफ़ी की याद में कैफ़ियत नाम से ट्रेन चलाई। सिनेमा के साथ, राजनीति का प्रभाव भी साहित्य पर कुछ कम नहीं है। मेरे घर की एक दीवार पर साउथ एशियन साहित्यिक रिकॉर्डिंग का एक सचित्र बोर्ड लटका है। इसमें भारत, पाकिस्तान और बांग्लादेश की विभिन्न भाषाओं के जाने-माने साहित्यकारों की तस्वीरें हैं। इन सारे साहित्यकारों की आवाज़ में उनकी रचनाओं की रिकॉर्डिंग अमेरिका की एक सांस्कृतिक संस्था ने की थी। इन साहित्यकारों में सबसे ऊपर की क़तार में अटल बिहारी वाजपेयी विराजमान हैं। यह प्रोजेक्ट उस समय का था, जब अटल जी प्रधानमन्त्री थे और उनकी परम्परागत कविताएँ, मंचीय होने के बावजूद, पाकिस्तान में अनूदित भी हो रही थीं और हिन्दुस्तान में ग़ज़ल गायक जगजीत सिंह इन कविताओं की पूरी सोलो सीडी बना रहे थे। उन्हीं दिनों लता मंगेशकर ने एक बयान दिया था। मेरा हमेशा से सपना रहा है कि मैं अटल जी की रचनाएँ गाऊँ, परन्तु सपने के हक़ीक़त बनने की मुद्दत में सरकार बदल गयी और फिर लता जी भी अपने सपने को भूल गयीं। अटल जी की तरह पूर्व प्रधानमन्त्री वी.पी. सिंह भी कवि हैं लेकिन उनके शासनकाल की अवधि थोड़ी कम थी, वर्ना उनकी रचनाओं को गाने के सपने भी कई गायकों की आवाज़ों में साकार हो जाते।

ई.टी.वी उर्दू पर शबाना ने अपने पिता की याद में एक प्रोग्राम किया था। इसमें कई गायकों ने उनकी ग़ज़लें गायीं, कई अभिनेताओं ने उनके सम्बन्ध में अपने विचार व्यक्त किये। इस आयोजन में किसी साहित्यकार को आमन्त्रित नहीं किया गया था। इस आयोजन से पहले, जुहू के इलाक़े में एक पार्क उनके नाम हो चुका था। इससे पहले उत्तर प्रदेश में एक ट्रेन

उनके नाम की जा चुकी थी। ज्ञानपीठ विजेता सरदार जाफ़री की विधवा सुल्ताना जाफ़री भी इस आयोजन में थीं, वह साहित्य और फ़िल्म के इस गठजोड़ पर अचानक भड़क उठीं और कहा—भई कैफ़ी अच्छे शाइर थे, मगर यह अच्छाई इतनी भी नहीं है कि वह सरदार जैसे बड़े लेखक को छुपा दें। यह वही सुल्ताना जाफ़री थीं जो सरदार जाफ़री की एक मशहूर नज़्म में इस तरह नज़र आती हैं। नज़्म का एक हिस्सा यूँ है। नज़्म का उन्वान मेरा सफ़र है—

*लेकिन मैं यहाँ फिर आऊँगा*
*और सारा ज़माना देखेगा*

*हर किस्सा मेरा अफ़्साना है*
*हर आशिक़ है सरदार यहाँ*

*हर माशूक़ा सुल्ताना है*

सुल्ताना जाफ़री, सरदार जाफ़री की माशूक़ा बनने से पहले, किसी दूसरे घर की जीनत थीं...लेकिन उनके दिल में अपने ज़माने के मशहूर तरक़्क़ी पसन्द शाइर और तकरीर करने वाले नौजवान सरदार से मुहब्बत थी...और इस मुहब्बत ने एक बेटी की माँ को शादीशुदा शरीअत को अपनी बग़ावत बनाने पर मजबूर कर दिया। सरदार से उनके दो बेटे हुए...नाज़िम और हिकमत। इन बेटों के नाम सरदार के पसन्दीदा शाइरों में से एक शाइर के एक नाम को दो हिस्सों में बाँट कर रखे गये थे। सरदार हिन्दुस्तान के ग़ालिब और कबीर के साथ तुर्की के नाज़िम हिकमत के भी आशिक़ थे। सरदार ने बहुत लिखा था, उन्होंने कई विधाओं और स्टाइल में लिखा था। वह आलोचक भी थे, अच्छे फ़िल्म साज़ भी थे, प्रभावशाली वक्ता भी थे, और इनके साथ 11 शाइरी के संकलनों के शाइर भी थे, इनमें 'परवाज़' (1944), 'जम्हूर' (1946), 'नयी दुनिया को सलाम' (1947), 'ख़ून की लकीर' (1949), 'अमन का सितारा' (1950), 'एशिया जाग उठा' (1950), 'पत्थर की दीवार' (1953), 'एक ख़्वाब और' (1965), 'पैराहनेशरर' (1966), 'लहू पुकारता है' (1978) ख़ास हैं। सरदार अब हमारी दुनिया में नहीं हैं,

लेकिन उन्होंने अपनी नज़्म मेरा सफ़र में, फ़ारसी के शाइर रूमी के एक मिस्रे के ज़रिये जीवन की मौत पर विजय की बात कही है। उन्होंने भी पेशीनगोई की थी लेकिन मैं यहाँ फिर आऊँगा...अगर यह सही है तो मैं उन्हें फिर इस संसार में आने से पहले यह मशवरा ज़रूर देना चाहूँगा। वह इस संसार में इस बार आये तो अपने बेटों को तुर्की के शाइर नाम देने के बजाय फ़िल्म एक्टरों या क्रिकेटरों के नामों में से नाम चुनें, नहीं तो बाज़ार की तराजू में उनका सही वज़न नहीं नापा जायेगा। यह हक़ीक़त है सन् 1935-36 में शाइरों की जो नस्ल टैगोर, फ़िराक़, प्रेमचन्द या जोश की वारिस बनकर आयी थी, उसमें अपनी शैली, शब्दावली और विचारों के लिहाज़ से दो नाम ही रौशन नज़र आते हैं। उनमें एक फ़ैज़ थे, दूसरे सरदार जाफ़री थे। जाफ़री की शाइरी की भाषा का बड़ा हिस्सा ईरान के उस असर से आज़ाद है, जिससे उर्दू शाइरी का बड़ा हिस्सा बोझिल है। उनके यहाँ ऐसी पंक्तियाँ जैसे—गाय के थन से निकलती है चमकती चाँदी, धुएँ से काले तवे भी चिंगारियों के होंठों से हँस रहे हैं या इमलियों के पत्तों पर धूप पर सुखाती है...शायरी में नये लहजे की पहचान कराते हैं। सरदार के तो दो बेटे थे। साहिर ने तो कॉलेज के दिनों के इश्क़ के ग़म में शादी ही नहीं की। उनकी आख़िरी किताब 'आओ कि ख़्वाब बुनें', में एक नज़्म अमृता प्रीतम के नाम भी है। साहिर की विरासत में सिवाय 'परछाइयाँ' नाम की एक इमारत में कोई नहीं है। यह इमारत भी अब हुकूमत के सुपुर्द है। अगर उनके वारिसों में कोई एक्टर या एक्ट्रेस होते तो उनकी क़ब्र बम्बई के क़ब्रिस्तान में निशान से बेनिशान नहीं होती—

*मैं पल दो पल का शाइर हूँ*<br>*पल दो पल मेरा फ़साना है*

# मौलाना अल्ताफ़ हुसेन हाली

पानीपत की एक गुंजान बस्ती में सूफ़ी बूअलीशाह कलन्दर की दरगाह है। यह इलाक़ा पचरंगा अचार के लिए भी मशहूर है। कई क़िस्मों की कई दुकानों से गुज़रकर, जब मैं वहाँ पहुचा तो मज़ार के इर्द-गिर्द ढेरों अलग-अलग शक्लों के बन्द ताले देखकर हैरत हुई। दरगाह के एक ख़ादिम ने बताया, ये ताले उन अक़ीदतमन्दों के हैं, जो अपनी मुरादों को इनमें बन्द करके जाते हैं और जब क़लन्दर बाबा की इनायत से मुराद पूरी हो जाती है तो बन्द ताले को खोलकर, फ़क़ीरों को खाना खिलाते हैं। पानीपत वाले उन्हें ताले वाले बाबा भी कहकर पुकारते हैं। ताले के बारे में मिर्ज़ा ग़ालिब का भी एक शेर है। उस ज़माने में ताले अक्षरों के हिसाब से बनाये जाते थे...कौन-सा अक्षर किस दूसरे अक्षर से मिलाकर ताला खुलेगा यह राज़ सिर्फ़ ताले वाले के ज़हन में पोशीदा होता है। इसे ग़ालिब के युग में 'कुफ़्ले अब्जद' कहा जाता था...कुफ़्ले यानी ताला और अब्जद के मानी होते हैं अरबी लिपि के 28 अक्षर...ग़ालिब का शेर यूँ है—

*तुझसे मिलना है मिरा सूरते कुफ़्ले अब्जद*
*था लिखा, बात के बनते ही जुदा हो जाना*

मिर्ज़ा ने ताले के खुलने को जुदा होने के अर्थ में इस्तेमाल किया है, लेकिन इस दरगाह में ताला उस वक़्त ही खुलता है जब मुरादवाले और मुराद में मिलाप होता है। इस दरगाह के फाटक के बायें जानिब एक क़ब्र है। इसके सिरहाने उर्दू लिपि में लिखा है...मौलाना अल्ताफ़ हुसेन हाली...हाली बूढ़े ग़ालिब के जवान शाइर थे और उन्हीं के शागिर्द भी, यूँ तो मिर्ज़ा के

अंग्रेज़, हिन्दू, मुसलमान कई शागिर्द थे, लेकिन हाली का नाम इसलिए ज़्यादा मशहूर है, कि वह शाइर होने के साथ साहित्य के आलोचक भी थे। ग़ालिब की अजमत की पहली पहचान उन्हीं की आलोचना की देन है 'यादगारे ग़ालिब' (उनकी किताब ने जिस तरह ग़ालिब के फ़न की बुलन्दियों का परिचय दिया, उसने इस पुस्तक को क्लासिकल महानता प्रदान की है), हाली बड़ी पहलूदार शख़्सियत थे। उन्होंने सिर्फ़ आलोचना ही नहीं लिखी, अपनी शाइरी के ज़रिये भी उन राहों की तलाश की, जिनके बाद के मुसाफ़िर में इक़बाल, फ़ैज़ अहमद फ़ैज़, और जोश मलीहाबादी जैसे बड़े शाइर शामिल हैं...इन्हीं हाली पानीपती ने, अपने युग में ग़ालिब के बाद की, अदबी लिहाज़ से मरती हुई दिल्ली का एक मर्सिया (शोकगीत) लिखा था—

*तज़किरा दहलि-एमरहूम का ऐ दोस्त न छेड़*
*न सुना जायेगा, तुझसे ये फ़साना हरगिज़*

इसी दर्द भरे मर्सिये में एक और शेर है—

*दाग़-मजरूह को सुन लो कि फिर इस गुलशन में*
*न सुनेगा कोई बुलबुल का तराना हरगिज़*

जिस दौर में यह मर्सिया लिखा गया था, यह उस दिल्ली की बात है जो अंग्रेज़ों की चढ़ाई और आज़ादी की लड़ाई के रेहनुमा आख़िरी मुग़ल बादशाह की बेदस्तो पाई पर आँसू बहा रही थी और उदासी को बहलाने के लिए नवाब मिर्ज़ा, दाग़ और मीर, मेहँदी, मजरूह की ग़ज़लें गुनगुना रही थी। इन दोनों का तअल्लुक ग़ालिब से था। दाग़ अपने वालिद नवाब शम्सुद्दीन के वास्ते से मिर्ज़ा के क़रीबी रिश्तेदारों में थे। वह ग़ालिब की शतरंज के भी साथी थे। दाग़ की शाइरी हुस्न की परस्तारी और दिल की गिरफ़्तारी की फ़नकारी लिए हुए है—सीधे-सादे शब्दों में जवान शोख़ियों का बयान उनकी पहचान है—

*दिल गया, तुमने लिया, हम क्या करें*
*जाने वाली चीज़ का ग़म क्या करें*

मजरूह भी आशिक़ाना शाइर थे, मगर उनका अन्दाज़े बयाँ दाग़ से थोड़ा मुख़्तलिफ़ था। वह ग़ालिब के उन चन्द शागिर्दों में थे जिनके नाम ग़ालिब के कई ख़त थे। इनका शेर भी सुनिये–

*गैरों को भला समझे और मुझको बुरा जाना*
*समझे भी तो क्या समझे, जाना भी तो क्या जाना*

मौलाना हाली के दौर में बुलबुल का तराना दाग़ और मजरूह से मंसूब था। हमारे क़रीब के माज़ी में यह तराना अगर किसी एक से हम रिश्ता किया जा सकता है तो वह नाम सिर्फ़ फ़ैज़ अहमद फ़ैज़ का होगा। फ़ैज़ को वर्तमान से अतीत बने वक़्त का बड़ा हिस्सा गुज़र चुका है। इस दौरान में आलमी सियासत ही तब्दील नहीं हुई, इन्सान की सोच भी काफ़ी तब्दील हो चुकी है। छब्बीस सौ साल पहले महात्मा बुद्ध ने कहा था–तब्दीली एक बड़ी हक़ीक़त है, लेकिन इससे बड़ी एक हक़ीकत है और वह यह है कि तब्दीली भी तब्दील होती है। वक़्त के साथ बुलबुले भी बदलती हैं और उनके तराने भी लेकिन इस बनने-बिगड़ने के मुसलसल अमल के बावजूद फ़ैज़ के क़लाम और उसके एहतिराम में कोई कमी नहीं आयी...अपनी ज़िन्दगी में जैसे वह पढ़े और सुने जाते थे, आज भी उसी तरह दोहराये जाते हैं, सुनाये जाते हैं और गाये जाते हैं। उनकी शाइरी के इस चमत्कार का राज़ क्या है? इस प्रश्न के उत्तर के लिए हमें भारत के इतिहास में छह सौ साल पहले जाना होगा। वहाँ आज के उत्तर प्रदेश के मगहर के गाँव में एक जुलाहे के झोंपड़ीनुमा घर में चर्खे को चलाता एक ऐसा बुनकर मिलेगा, जो एक ख़ुदा को कई नामों से गाता हुआ नज़र आयेगा। कभी वह उसे राम नाम से गाता है, कभी ख़ुदा बोलकर उसे बुलाता है। जब उससे शब्दों की शक्ति का भेद पूछोगे तो वह अपनी बानी में बतायेगा–

*करनी बिन कथनी कथे अज्ञानी की जात*
*ज्यों कूकर भूकत फिरे सुनी सुनाई बात*

फ़ैज़ अहमद फ़ैज़ ने जब भी लिखा, वह ही लिखा जो उनका अनुभव था। इस अनुभव की रौशनी ने, न उनकी आवाज़ को नारा बनाया,

न उन्होंने अपने दृष्टिकोण का शोर मचाया...उन्होंने समाज के ग़मों-खुशी को पहले अपना बनाया...फिर उन्हें दूसरों को सुनाया। मुम्बई की एक महफ़िल में फ़ैज़ शरीक थे। उस महफ़िल में जो फ़ैज़ के लिए सजाई गयी थी उसमें अमिताभ बच्चन, रामानन्द सागर और दूसरी फ़िल्मी हस्तियों के साथ, सरदार जाफ़री, जज्बी, जाँ निसार अख़्तर, मजरूह सुल्तानपुरी आदि शरीक थे। ये सब शाइर फ़ैज़ के शोहरत, अज़मत और शेरी ज़हानत कॉम्पलेक्स से पीड़ित थे। सब अलग-अलग टुकड़ियों में बँटे फ़ैज़ को विषय बनाये हुए थे। कोई कह रहा था, फ़ैज़ ग़लत ज़ुबान लिखते हैं, कोई बोल रहा था उन्हें यासर अराफ़ात की पत्रिका लोटस ने शोहरत दी है...फ़ैज़ इन सब बातों को दूर-दूर से सुन रहे थे और जाम पर जाम चढ़ा रहे थे और सिगरेट पर सिगरेट सुलगा रहे थे...जब पढ़ने के लिए बुलाया गया तो फ़रमा रहे थे...भाई दुकानें तो सबने एक साथ लगाई थीं, अब इसको क्या कहा जाये कोई चल गयी और कोई नहीं चली...मौलाना जौहर की पंक्ति है–

यह उसकी देन है जिसे परवरदिगार दे...

# 31 दिसम्बर

2007 रुख़सत हो रहा है। दिसम्बर की 31 तारीख़ के बारह बजे जब घड़ी के अलग-अलग घूमते काँटे दो से एक हो जायेंगे तो दीवार पर लटके केलैंडर का पन्ना बदल जायेगा और वह 2007 से 2008 बनकर साल भर नज़र आयेगा। और दिन से हफ़्ते, हफ़्ते से महीने साल में ढल जायेगा। एक ग़ज़ल में मेरा मतला है—

*रात के बाद नये दिन की सहर आयेगी*
*दिन नहीं बदलेगा, तारीख़ बदल जायेगी*

31 दिसम्बर के बारह बजे के बाद भी तारीख़ ही बदलेगी, ज़िन्दगी और उसके हालात में कोई तब्दील होगी, इसकी उम्मीद कम है। और यूँ भी इस 'उम्मीद कम' के साथ जीने की हमें आदत भी हो गयी है, और आदत दुख की दुखन को कम भी कर देती है। मिर्ज़ा ग़ालिब आदत के इस चमत्कार से परिचित थे। उनका शेर है।

*रंज से ख़ूगर (आदी होना) हुआ इन्साँ तो मिट जाता है रंज*
*मुश्किलें मुझपर पड़ीं इतनी कि आसाँ हो गयीं...*

ग़ालिब ने 75 साल इस संसार में बिताये। अपनी पसन्द की दुनिया देखकर बहुत चीखे-चिल्लाये, कभी नशे में होश गँवाये, कभी ग़ुस्से में ख़ुदा से टकराये, फिर थक-हार कर जो है उसे क़ुबूल करने के हौसले दिखाये।

*क़ैदे हयात-ओ-बन्दे ग़म अस्ल में दोनों एक हैं*
*मौत से पहले आदमी ग़म से निजात पाये क्यों...*

हर रचनाकार की सोच पर उसके युग का प्रभाव हावी होता है। ग़ालिब की दिल्ली अब्दाली और दुर्रानी की लूटी हुई दिल्ली थी। आख़िरी मुग़ल, बहादुरशाह के बुढ़ापे की तरह सहमी हुई दिल्ली थी। अंग्रेज़ों के सामने रोती हुई, बिसूरती हुई दिल्ली थी। 2007 के हमारे युग में और 1794-1869 के दरमियां के दौर में सिर्फ़ फ़र्क़ इतना है कि अब्दाली, दुर्रानी और अंग्रेज़ बाहर के हमलावर थे और आज देश को कुर्सियों का व्यापार बनाने वाले हमारे अपने हैं। सारे हिन्दुस्तानी हैं। 2007 के घटना क्रम में बांग्लादेश की लेखिका तसलीमा नसरीन और उनके लेखन का रोल ख़ास है। वह लेखिका की हैसियत से, लेखकों और कवियों की किस पंक्ति में रखी जा सकती हैं, यह बंगाली भाषी बौद्धिक वर्ग की टिप्पणियों में देखा जा सकता है। अदब और सियासत के रिश्ते से इनकार नहीं किया जा सकता, लेकिन शुरू से अब तक अच्छा अदब, सियासत को जिस नज़र से देखता रहा है वह शासकों या राजनेताओं के दृष्टिकोण से अलग, आम आदमी की नज़र होती है। यह सूफ़ी सन्तों की तरह निफाक़ नहीं पैदा करती, इत्तफाक़ उभारा है। यह भेदभाव के संसार में इन्सान के प्यार को मैयार बनाता है, और इसी मैयार की कसौटी पर अच्छे-बुरे अदब की पहचान या शिनाख़्त की जाती है। मीर दर्द, मीर के समकालीन थे। उनके घर में हर महीने शाइर जमा होकर अपनी रचनाओं को सुनते-सुनाते थे। ऐसे ही एक आयोजन में एक शहज़ादा भी चला आया। वह महफ़िल में टाँगें फैलाये बैठा था। मीर दर्द की नज़र जब उसकी गुस्ताख़ी पर पड़ी तो उन्होंने जनता और शासक के फ़र्क़ को भुलाकर, उसे अदब की महफ़िल में अदब से बैठने की हिदायत की। शहज़ादे ने जब अपने टाँगों की तकलीफ़ बताई तो सूफ़ी मीर दर्द ने कहा, तकलीफ़ को घर में आराम दिया जाता है अदब को बेअदब नहीं किया जाता। अदब और सियासत की दुनिया एक ही दुनिया में दो दुनियाओं की झाँकियाँ दिखाती है। सियासत में समाज हिन्दू, मुस्लिम, सिख, ईसाई में विभाजित होता है और अदब में इस विभाजन को जोड़कर सबको इन्सान बनाया जाता है। अदब में ख़ुदा का सबसे पवित्र स्थान इन्सान के दिल के मकान को माना जाता है। इस दिल के आगे इस्लाम का पावन स्थल भी कम ठहरता है। मीर तक़ी मीर के युग में क़ाइम चाँदपुरी का मशहूर शेर है—

*काबा अगरचे टूटा तो क्या जाये ग़म है शेख़*
*कुछ कस्रे दिल (दिल का महल) नहीं जो बनाया जायेगा*

बांग्लादेश के मुसलमान हों या हैदराबाद के मुसलमान हों, वे सब सियासत के किरायेदार हैं, उनका अदब या अदब के किरदार से कुछ लेना-देना नहीं है। तसलीमा की पहली पुस्तक 'लज्जा' के नाम से उस समय सामने आयी थी, जब देश में साम्प्रदायिक शक्तियाँ काफ़ी ख़बरों में थीं। ऐसी शक्तियों को अच्छे पानी, बिजली की रौशनी, सड़कों के सुधार, बढ़ती हुई ग़रीबी, नये-नये खुलते हुए मॉल और उनकी वजह से छोटे धन्धे वालों की बेरोज़गारी जैसे मुद्दों से कुछ लेना-देना नहीं होता, उन्हें भारत की तीन चौथाई आबादी के पिछड़ेपन से कोई सम्बन्ध नहीं होता है...चुनाव प्रधान सियासत का सबसे बड़ा मुद्दा आपसी भेदभाव पैदा करके नरेन्द्र मोदी बनना होता है। तसलीमा का उपन्यास 'लज्जा' की शोहरत, इज़्ज़त और मीडिया में उसकी अजमत इसी रवैये की देन है। लेखकीय सूझबूझ से वंचित यह कृति, अज्ञेय के 'अपने-अपने अजनबी', कुर्रतुल ऐन हैदर के 'आग का दरिया', श्रीलाल शुक्ल के 'राग़ दरबारी', गिरीश कार्नाड के नाटक, फ़िराक़ की ग़ज़लों, अमिताभ घोष के शेडों लाइंस, असग़र वजाहत के 'जिस लाहौर नहीं देख्या' आदि से अधिक चर्चित है। इसका विषय भी असग़र वजाहत और अमिताभ घोष की पुस्तकों से मिलता-जुलता है अन्तर केवल इतना है, तसलीमा की तुलना में मण्टो, असग़र और घोष ग़ैर-इन्सानी समाज में इन्सान की तलाश करते हैं और लज्जा के पन्नों पर सिर्फ़ शैतान ही शैतान नज़र आते हैं। असग़र वजाहत को विभाजन के बाद लाहौर में हिन्दू बुढ़िया को सताने वालों की भीड़ में नासिर काज़मी के रूप में इन्सान भी नज़र आता है, अमिताभ घोष के उपन्यास में 90 वर्ष के हिन्दू बूढ़े की देखभाल ढाका में पाकिस्तान बनने के बाद निचले वर्ग के मुसलमान शरणार्थी करते दिखाई देते हैं। मण्टो की कहानी 'खोल दो' की दुखी लड़की, मुसलमान होते हुए मुसलमान सोशल वर्कर्स की हवस का ही शिकार होती है। मानवीय चिन्तन के बग़ैर लेखन में धार आती है इसमें मुझे शक़ है। लेकिन राजनीति की जाँच-परख के पैमाने अपने होते हैं। उसने तसलीमा के सर पर ताज इसलिए

रखा क्योंकि इस ताज के साथ उनके समाज की परिभाषा सुरक्षित रहती है। ख़ुदा या मज़हब हमेशा से, साहित्य में मुल्लाओं और पण्डितों की सोच से अलग रहा है। मुल्ला और पण्डित धर्म को तिजारत बनाकर अपनी दुकानें चलाते हैं और साहित्यकार दिल में ख़ुदा और कर्म में धर्म को दर्शाते हैं। तसलीमा लिखने के लिए जब भी बैठती हैं तो अपने पेन में जो रौशनाई भरती हैं वह चौदह सौ साल पुरानी होती है। ऐसा नहीं है चौदह सौ साल पहले जो हुआ था उस पर कभी सोचा नहीं गया। सिकन्दर लोधी के दौर में कबीर से लेकर ग़ालिब, बच्चन, तुकाराम, अदम, नामदेव ढसाल के समय तक कट्टरपन और धर्मान्ध कभी प्रशंसनीय नहीं रहा। लेकिन पत्रकारिता, क़ानून, और व्यवसाय की भाषा और शैली एक-दूसरे से अलग होती है। यहाँ काले-सफ़ेद में विभाजन नहीं होता। काले में सफ़ेद और सफ़ेद में काले के सम्मिलन पर नन्थन होता है। मानव के हाथों मानव का शोषण से विश्व इतिहास भरा पड़ा है। लेकिन पहले शोषण करने वाला भी इन्सान होता था और जिस पर शोषण किया जाता था उसे भी इन्सान कहा जाता है। आज की तरह उन्हें हिन्दू, मुस्लिम, सिख, ईसाई के नामों से नहीं पुकारा जाता था। यह आधुनिक विभाजन आज की राजनीति का मन्त्र है।

# मीर तक़ी मीर

रौशनी के फूल, इस छोटे से जुमले में दो लफ़्ज़ों—रौशनी और फूल ने मेरे ज़ेहन में दो शेरों को कई वर्षों की नींद से जगा दिया। रौशनी ने मीर तक़ी मीर के शेर को याद दिलाया—

*वो आये बज़्म में इतना तो मीर ने देखा*
*फिर उसके बाद चराग़ों में रौशनी न रही*

और फूल ने भी मीर ही का पता बताया—

*नाज़ुकी उन लबों की क्या कहिये*
*पंखुड़ी इक गुलाब की सी है*

मीर ग़ालिब से पहले के शाइर थे। मीर का युग, ग़ालिब से ज़्यादा परेशानियों का था। बचपन में दो बार दिल्ली को उजड़ते देखा—एक बार अब्दाली की लूट मार से, दूसरी बार दुर्रानी की तलवार से—बचपन और जवानी के—इन हादसों से टूट-फूट कर वह जमुना के किनारे बसे शहर को छोड़कर गोमती के किनारे आबाद शुजाउद्दौला के लखनऊ रवाना हो गये। अँधेरों में रौशनी की खोज और वीराने से बाहर फूलों की तलाश ने उन्हें वतन से बेवतन ज़रूर किया लेकिन रौशनी और फूलों का हमेशा साथ दिया। रौशनी उनका सपना था और फूल इस सपने की तस्वीर थी, यह तस्वीर हँसते-गाते समाज में दिल के समाज और उसमें मुहब्बत के रिवाज़ की तस्वीर थी। और इसी का बयान उनकी तहरीर थी। इस तहरीर में उस आदमी की तस्वीर दिखाई देती है—जो न राजनीति का हिन्दू था—न वोट बैंक का मुसलमान था।

वह केवल इन्सान था। जो अब कभी-कभी या कहीं-कहीं ही नज़र आता है। मीर भारत के उस दौर की यादगार थे। हर क़िस्म के कट्टरपन के मुख़ालिफ़ थे। वह आस्था से मुसलमान थे लेकिन आस्था की बुनियाद को इन्सान और इन्सान के बीच का अन्तर नहीं मानते थे। इन्सान को उसकी इन्सानियत से पहचानते थे। उनके यहाँ ख़ुदा के प्रति अनास्था नहीं थी। ख़ुदा को वह मानते थे। लेकिन उनका ख़ुदा पत्थरों की इमारतों में बन्दी नहीं था। यह ख़ुदा वह था जो कुर्आन में 'रब्बुल आलमीन' था। यानी तमाम आलमों का ख़ुदा था। यह वही ख़ुदा था जो शास्त्रों में कण-कण में व्याप्त था और जिसे ईश्वर या भगवान के नाम से जाना जाता था। वह उस समय तक चुनाव में काग़ज़ का वोट नहीं बना था। चलता-फिरता, साँस लेता, भूख-प्यास की सदा था। आज जैसी भेदभाव की दूरियों से दूर था। उन्होंने एक जगह लिखा था–

*मीर के दीनो-मज़हब का क्या पूछो हो उनने तो.....*
*कश्क़ा (तिलक) खेंचा दैर (मन्दिर) में बैठा कब का तर्क इस्लाम किया*

अगर आज वह ज़िन्दा होते तो, बहुत सारे मुफ़्तिनों के फ़तवे उन पर लागू हो जाते। एक ग़ज़ल में, एक और शेर उन्होंने कहा था–

*मौत इक मान्दगी (थकन) का वक्फ़ा है*
*यानि आगे चलेंगे दम लेकर*

इस्लाम में मौत के बाद आगे चलने की बात कहीं नहीं मिलती। यह आगे चलने का अमल वेदान्त के प्रभाव से है। यह भी मुल्लाओं के पुस्तकीय ज्ञान के ख़िलाफ़ है। इस पर भी, उन पर अभिनेत्री शबाना आज़मी की तरह जिन पर नेलसन मण्डेला को चुम्बन करने के अपराध में फ़तवे के घेरे में ले लिया गया था–मीर का इस्लाम से बाइकाट कर दिया जाता। मीर के ज़माने में दो ही धर्म थे। एक का नाम अमीरी था, दूसरे का नाम ग़रीबी था–मीर ने खुलेआम इसका इकरार किया था।

*अमीर ज़ादों से दिल्ली में मत मिला कर मीर*
*कि हम ख़राब हुए हैं इन्हीं की सोहबत में*

मीर एक बड़ी विरासत के वारिस थे। उनका देश पाकिस्तान की तरह केवल 12 सौ साल का इतिहास नहीं था। इसका इतिहास साढ़े चार हज़ार सालों का विस्तार लिए हुए था। यह वही हिन्दुस्तान था जो पाकिस्तान में बैठकर क़ुर्रतुल ऐन हैदर के उपन्यास में नज़र आता है। यह वही हिन्दुस्तान था जो मीर से पहले सिकन्दर लोधी के युग में बनारस की गंगा किनारे सन्त कबीर का हिन्दुस्तान था। कबीर ने कहा था–

*कह हिन्दू मोहे राम प्यारा*
*तुरुक कहें रहीमाना*
*दोऊ लरि लरि के मुबे*
*मरम न कोई जाना*

रौशनी के फूल भारत के इतिहास की पहचान है। यह हमारे देश को सूफी सन्तों का वरदान है। मुग़ल पीरियड से पहले 13-14 सदी में अलाउद्दीन ख़लजी का राज्य था। उसकी हुकूमत में दिल्ली में सूफ़ी निज़ामुद्दीन प्रेम-अहिंसा का प्रचार कर रहे थे–एक वह अमीर खुसरो के साथ यमुना के किनारे टहल रहे थे। उनके सामने कुछ लोग स्नान कर रहे थे। सूर्य को जल पिला रहे थे–सूफ़ी निज़ामुद्दीन ने यह नज़ारा देखकर खुसरो से कहा–

*हर क़ौम रास्त राहे : हर दीन किबला गाहे*

(हर क़ौम की अपनी आस्था होती है, हर धर्म का अपना तरीक़ा होता है) आज की बमबारी, और उड़ीसा और कर्नाटक की मारा मारी, और महाराष्ट्र की दुनियादारी को देखते हुए लगता है हम उसी इतिहास को पढ़ते हैं जो हमें स्कूल या कॉलेजों में पढ़ाया जाता है–इसके बरख़िलाफ़ वह इतिहास जो तोड़ता नहीं जोड़ता है और जो केवल काव्य में, गायन में, इमारतसाज़ी में, चित्रकारी और सूफ़ी-सन्तों के उपदेशों में छिपा होता है उसे बाहर नहीं निकाला जाता–जब वह बाहर आयेगा तो हर घर रौशनी के दीप जलायेगा–हर आँगन फूलों से मुस्कुरायेगा। आगरा में मीर के बुढ़ापे के जवान शाइर नज़ीर अकबराबादी ने लिखा था–

*इस्लाम छोड़ कुफ़्र लिया फिर किसी को क्या*
*जीवन था मेरा मैंने जिया फिर किसी को क्या*

# मुनीर नियाज़ी

ग़ज़नी, अफ़ग़ानिस्तान के एक इलाक़े का नाम है। फ़िराक़ के गोरखपुर, जिगर के मुरादाबाद की तरह महमूद ग़ज़नवी भी अपने नाम के साथ 'ग़ज़नी' जोड़ता था। वह नस्ल से तुर्क था, जिसने जीसस के हज़ार साल बाद ग़ज़नी में अपनी हुकूमत स्थापित की थी। महमूद ने भारत पर कई बार हमले किये। लेकिन इन हमलों का सम्बन्ध धर्म से कम, और लूटमार के अधर्म से ज़्यादा था। वह नाम से मुसलमान ज़रूर था, लेकिन हक़ीक़त में पेशावर लुटेरा था, जो बार-बार अपने सिपाहियों के साथ आता था और जो इस लूट में मिलता था, उसे लेकर चला जाता था। पण्डित नेहरू ने अपनी पुस्तक 'भारत की खोज' में लिखा है, महमूद एक लुटेरा था। धर्म को उसने लूटमार में एक शस्त्र की तरह इस्तेमाल किया था। आख़िरी बार वह हिन्दुस्तानियों के हाथों ऐसा हारा कि उसे अपनी जान बचाकर भागने पर मजबूर होना पड़ा। उसके क़ाफ़ले में जितनी औरतें थीं, वे यहीं के सिपाहियों के घरों में बस गयीं। महमूद के साथ, गुजरात के सोमनाथ मन्दिर का ज़िक्र भी इतिहास में मिलता है। इस आक्रमण को इतिहास में धार्मिक विवाद का रूप भले ही दे दिया जाये लेकिन पर्दे के पीछे की हक़ीक़त दूसरी है। लुटेरों की लालच या लोभ को मूरत या कुदरत से ज़्यादा धन-दौलत से मुहब्बत होती है और इस मुहब्बत में धर्म को बदनाम किया जाता है। नरेश सक्सेना ने फ़ैज़ाबाद में बाबरी मस्जिद ढहाये जाने पर एक कविता लिखी थी। कविता में वर्तमान के धर्मान्ध की तुलना अतीत के जुनून से की गयी है। कविता की पंक्तियाँ हैं–

*इतिहास के बहुत से भ्रमों में से*
*एक यह भी है*
*कि महमूद गज़नवी लौट गया था*
*लौटा नहीं था वह—यहीं था*
*सैकड़ों बरस बाद अचानक*
*वह प्रकट हुआ अयोध्या में*
*सोमनाथ में किया था उसने*
*अल्लाह का काम तमाम*
*इस बार उसका नारा था—जय श्रीराम*

महमूद ग़ज़नवी, जिन औरतों और मर्दों को छोड़कर अपनी जान बचाकर भागा था, उनकी औलादें कई-कई नस्लों के बाद कहाँ-कहाँ हैं। ईश्वर के किस रूप की पुजारी हैं। चर्च में उसकी स्तुति गाती हैं, मस्जिद में सर झुकाती हैं या मूरत के आगे दीप जलाती हैं। मैंने 'सैलाब' नामक एक सीरियल के टाइटिल गीत में लिखा है—

*वक़्त के साथ है मिट्टी का सफ़र सदियों से*
*किसको मालूम कहाँ के हैं किधर के हम हैं*

कोई नगर हो या देश हो, उसमें बसने वाले या वहाँ से बाहर जाने वाले सब एक जैसे नहीं होते। ग़ज़नी से महमूद भी भारत आया था और वे बुजुर्ग भी आये थे जो सारी दुनिया को एक ही ख़ुदा की ज़मीन मानते थे। इन्हीं बुज़ुर्गों की नस्ल के एक मुहम्मद फतह ख़ाँ के परिवार में, पंजाब के ज़िला होशियारपुर में 1928 में एक बेटे का जन्म हुआ। बाप ने उसका नाम मुहम्मद मुनीर ख़ाँ नियाज़ी रखा। अभी यह बच्चा मुश्किल से एक साल का ही था कि बाप अल्ला को प्यारे हो गये। बाप की मौत ने घर-ख़ानदान के हालात ही नहीं बदले, मुहम्मद मुनीर ख़ान नियाज़ी ने अपने चार लफ़्ज़ों के नाम को दो लफ़्ज़ी नाम में बदल दिया। अब इसमें न मुहम्मद था न ख़ान—सिर्फ़ दो लफ़्ज़ थे 'मुनीर नियाज़ी'। मुनीर नियाज़ी फ़ैज़ अहमद फ़ैज़ और नूनमीम राशिद के बाद पाकिस्तान की आधुनिक उर्दू शाइरी का सबसे बड़ा नाम है। मुनीर अपने मिज़ाज, अन्दाज़ और आवाज़ के लिहाज़

से अनोखे शाइर थे। यह अनोखापन उनके शब्दों में भी नज़र आता है। शब्दों में पिरोए हुए विषयों में भी जगमगाता है और उस इमेजरी में भी नक़ाब उठाता है जो उनकी शाइरी में एक भाषा की रिवायत में कई मुल्की और ग़ैर-मुल्की भाषाओं की विरासत को दर्शाता है। वह पैदायशी पंजाबी थे। पंजाब की अज़ीम लोक विरासत में शामिल सूफ़ियाना इन्सानियत, जिसका शुरुआती रूप बाबा फ़रीद के दोहों में बिखरा हुआ है, मुनीर न्याज़ी की नज़्मों और ग़ज़लों की जीनत है। उनकी शाइरी का केन्द्रीय किरदार, समय-समय पर बदलती सियासत से दूर होकर उन राहों में चलता-फिरता नज़र आता है, जहाँ दरख़्त, इन्सान, पहाड़, आसमान, परिन्दे, दरिन्दे और नदियाँ एक ही ख़ानदान के सदस्य हैं और जो एक-दूसरे के दुख-सुख में बराबर शरीक रहते हैं। इस शाइरी में ज़मीन और आसमान के बीच ज़िन्दगी उन हैरतों में घिरी दिखाई देती है जो सदियों से सूफ़ी-सन्तों की इबादतों का दायरा रही है। इन हैरतों की झिलमिलाहटों में न ज़मीन की सीमाएँ हैं, न विज्ञान की लानतों से गन्दी होती फ़ज़ाएँ हैं। इनमें मानव जीवन प्रकृति का चमत्कार है, जो सीधा और आसान नहीं है, गहरा और पुरइसरार है। महमूद ग़ज़नवी तलवार का सिपाही था और मुनीर नियाज़ी कायनात में कुदरत की रहमत की गवाही थे। उनकी रचनाओं की कुछ मिसालें देखिये—

*अभी चाँद निकला नहीं*
*वह ज़रा देर में उन दरख़्तों के पीछे से उभरेगा*
*और आसमाँ के बड़े दश्त को*
*पार करने की एक और कोशिश करेगा (कोशिशें रायगाँ)*
*गुम हो चले हो तुम तो बहुत ख़ुद में ए मुनीर*
*दुनिया को कुछ तो अपना पता देना चाहिए*
*आदत सी बना ली है तुमने तो मुनीर अपनी*
*जिस शहर में भी रहना उकताये हुए रहना*

मुनीर नियाज़ी ने सोमनाथ मन्दिर की दौलत के लालच में न अल्लाह का काम तमाम किया और न बाबरी मस्जिद को तोड़कर जय श्रीराम कहा। उसने सिर्फ़ अपने लफ़्ज़ों में प्रेम और अहिंसा के पैगम्बरों बाबा फ़रीद,

वारिद शाह आदि का पैग़ाम आम किया। मुनीर नियाज़ी (जन्म : 1928–मृत्यु : 2007) अपनी तबीअत की वजह से आबादी में तन्हाई का मर्सिया था। इस तन्हाई को बहलाने के लिए, उन्हीं के एक इंटरव्यू के मुताबिक़ उन्होंने चालीस बार इश्क़ किये थे लेकिन यह गिनती भी उनकी बेक़रारी को सुकून नहीं दे पायी। इस मुसलसल बेक़रारी के बारे में उन्होंने लिखा है–

*इतनी आसाँ ज़िन्दगी को इतना मुश्किल कर लिया*
*जो उठा सकते न थे वह ग़म भी शामिल कर लिया*

मुनीर नियाज़ी ने कई पाकिस्तानी फ़िल्मों में गीत भी लिखे थे। इनमें कुछ गीत अच्छे और नर्म लफ़्ज़ों के कारण काफ़ी पसन्द भी किये गये। कुछ गीतों के मुखड़े यूँ हैं–

1. उस बेवफ़ा का शहर है और हम हैं दोस्तो
2. कैसे-कैसे लोग हमारे दिल को जलाने आ जाते हैं
3. जिसने मेरे दिल को दर्द दिया, उस शख़्स को मैंने भुला दिया

मुनीर नियाज़ी समय और उसके ग़ैर-इन्सानी बर्ताव से इतने उदास थे, कि चालीस बार इश्क़ करने के बावजूद, अपने माँ-बाप की इकलौती औलाद की तरह वह तमाम उम्र इकलौते ही रहे। उन्हें अपना नाम इतना अज़ीज़ था कि इसमें किसी और की शिरकत उन्हें गवारा नहीं हुई। उनके वारिसों में उनकी बेवा के अलावा कोई और नहीं।

*शाम आयी है शराबे तेज़ पीना चाहिए*
*हो चुकी है देर अब ज़ख़्मों को सीना चाहिए*

# शोएब मलिक

शोएब मलिक पाकिस्तान की क्रिकेट टीम के कप्तान का नाम है। ट्वेंटी-20 विश्व कप के फ़ाइनल के बाद, नियमानुसार भारत और पाकिस्तान की टीमों के युवा कप्तानों से रवि शास्त्री ने बात की।

पहले हारी हुई टीम के कप्तान शोएब मलिक को बुलाया गया। उन्होंने बात शुरू करने से पहले कहा, 'पहले मैं पाकिस्तान के अवाम और दुनिया के तमाम मुसलमानों का शुक्रिया अदा करना चाहूँगा।'

इसके बाद उन्होंने खेल में अपनी और अपनी टीम के सौ प्रतिशत परिश्रम की बात की। समझ में नहीं आया कि उन्होंने पाकिस्तान की जनता और इसके साथ दुनिया के सारे मुसलमानों का शुक्रिया अदा किया, उसकी क्या वजह थी।

शुक्रिया हार के लिए अदा नहीं किया जाता, इसके लिए उन्हें जीत की ज़रूरत थी जो इत्तेफ़ाक़ से उन्हें नहीं मिली।

## सही हक़दार

शुक्रिया के हक़दार तो वास्तव में श्रीसंत थे, जिनके क़ीमती कैच ने सारे पाकिस्तान को दुखी किया। इस दुख पर तो शर्मिन्दगी का इज़हार होना चाहिए था। शर्मिन्दगी का इज़हार नहीं तो कम-से-कम माफ़ी का इज़हार ही करना चाहिए था।

वह पाकिस्तानी हैं। वहाँ की जनता के सम्बोधन में वह जो भी कहें, इसका उन्हें अधिकार है...लेकिन इस सम्बोधन में दुनिया के सारे मुसलमानों को शामिल करने की क्या ज़रूरत थी।

उनके मुक़ाबले में जीतने वाली टीम में भी दो मुसलमान थे। यूसुफ़ पठान और इरफ़ान पठान।

यूसुफ़ ने मोहम्मद आसिफ़ की गेंद पर छक्का जड़ा था और उसके बड़े भाई इरफ़ान ने ख़ुद शोएब मलिक के साथ उनकी टीम के दो और मुसलमान खिलाड़ियों शाहिद आफ़रीदी और यासिर अराफ़ात को मामूली स्कोर पर आउट कर दिया था।

मुसलमानों में तो बड़ौदा के इरफ़ान और यूसुफ़ की भी गिनती होती है और उनके साथ अभिनेता शाहरुख ख़ान भी थे, नाम से ज़ाहिर है कि वे भी मुसलमान हैं जो अपने बेटे के साथ हिन्दुस्तानी टीम की जीत के लिए दुआ कर रहे थे, और उनकी दुआ ख़ुदा ने स्वीकार भी की।

## दुआ क़बूल

एक ही ख़ुदा के दोनों मानने वाले थे, शाहरुख़ ख़ान की बात ख़ुदा ने मान ली और शोएब मलिक की बात को नहीं माना।

हालाँकि शोएब इस्लामी मुल्क के बाशिन्दे हैं और शाहरुख़ ख़ान सेक्यूलर देश के नागरिक हैं। दोनों मुल्कों में ख़ुदा के मिज़ाज के दो अलग-अलग रूप हैं।

एक रूप पाकिस्तान में है, जो इस्लाम के अलावा किसी दूसरे धर्म को मान्यता नहीं देता। उसी ख़ुदा की दूसरी सूरत भारत में है, जहाँ वह मस्जिद के साथ, चर्च में, गुरुद्वारे में, मन्दिर में, सिनागोग में, हर जगह मौजूद होता है।

वह सिर्फ़ मुसलमानों की जागीर नहीं है। वह हर धर्म, हर आस्था, हर विश्वास का साथ निभाता है इसीलिए क़ुरान के शब्दों में ये 'रब्बुल आलमीन' (सारे संसारों का ईश्वर) कहा जाता है।

भारत में मुग़ल काल में जब अकबर के सर्वधर्म सम्मान की नीति को छोड़कर औरंगज़ेब ने भेदभाव की राजनीति को अपनाया, तो उसके संकुचित रवैये का विरोध भी एक मुसलमान, नमाज़ पढ़ाने वाले इमाम ने किया था।

नमाज़ औरंगज़ेब के महल की मस्जिद में हो रही थी। औरंगज़ेब इमाम के पीछे नमाज़ पढ़ने के लिए खड़ा था। इमाम साहब ने रब्बुल आलमीन (सारी दुनियाओं) के स्थान पर रब्बुल मुस्लिमीन बोला।

औरंगज़ेब यह सुनकर ग़ुस्से में भर कर बोला–इमाम होश में आओ, तुम क़ुरान की आयत को तब्दील करने का अपराध कर रहे हो...जानते हो इसकी सज़ा क्या है।

इमाम ने जवाब दिया, "मैं क़ुरान के शब्द इसलिए बदल रहा हूँ, क्योंकि आप अपने अमल में इन्हें बदल रहे हैं और बादशाह का हुक्म मानना रिआया का फ़र्ज़ है।"

**मज़हब क्यों**

शोएब मलिक खेल के मैदान में मज़हब को क्यों ले आये? इसकी क्या वजह हो सकती है। इसका उत्तर तो वह ख़ुद ही दे सकते हैं, लेकिन देखने में वह जो लिबास पहने थे, वह अंग्रेज़ी था।

वह जिस ज़ुबान में अटक-अटक कर बोल रहे थे वह भी ईसाइयों की, और जो खेल-खेलकर वह हारे थे वह वहाँ पैदा नहीं हुआ था, जहाँ 1400 साल पहले इस्लाम धर्म का उदय हुआ था।

यह उन्हीं अंग्रेज़ों का लाया हुआ खेल है, जिनके ख़िलाफ़ आज़ादी की लड़ाई लड़ने वालों में हिन्दू, सिख, जैन, बौद्ध के साथ मुसलमान भी बराबर के शरीक थे।

पता नहीं कप्तान साहब ने अपने शुक्रिया के शब्दों में जिन दुनिया के मुसलमानों से ख़िताब लिया है, उनमें भारत के मुसलमान शामिल हैं या नहीं। होने तो चाहिए, क्योंकि पूरे पाकिस्तान की मुस्लिम जनसंख्या की तुलना में भारत में मुसलमानों की आबादी डेढ़ गुना से अधिक है।

लेकिन इन मुसलमानों ने तो मैच केवल देखा ही नहीं...भारत की जीत के जश्न में पूरे तौर पर शरीक भी थे।

वर्सोवा स्थित मेरे घर के सामने सर पर टोपी पहने पान की दुकान वाले नमाज़ी मुसलमान ने हिन्द-पाक के खेल में भारत की जीत का क्रेडिट अपने नाम किया।

मैंने जब अख़बार में पढ़कर उसे बताया कि ट्वेंटी-20 में भारत की विजय के लिए शाहरुख ख़ान ने ख़ुदा से दुआ माँगी और भारत जीत गया तो उसने मुझे पान देते हुए जवाब में कहा...भाई साहब आप तो पढ़े-लिखे हैं, अख़बार की हर ख़बर सच नहीं होती।

...शाहरुख़ पेशेवर हैं, उनका प्रेम, लड़ाई, सगाई, हँसना, रोना सब स्क्रीन का झूठ होता है, इसका सम्बन्ध उनके जीवन से नहीं और झूठ बोलने वाले की ख़ुदा कभी नहीं सुनता।

## असर

इस जीत के लिए रोज़े में नमाज़ पढ़के मैंने सच्चे दिल से दुआ की थी जो पूरी हुई और धोनी जीत गया।

यह जीत अभिनेता शाहरुख़ और उनके बेटे की दुआओं का नतीजा है। इरफ़ान और यूसुफ़ के रोज़ेदार और नमाज़ी पिता की दुआओं का फल है। युवराज सिंह के परिवार की शुभेच्छाओं के कारण है, रायबरेली के प्रताप सिंह की प्रार्थना की वजह से है, भज्जी के प्रान्त के शब्द इसमें शरीक हैं या मेरे घर के सामने पानवाले के सबब हैं।

मगर यह हक़ीक़त है इस जीत में हिन्दू, मुस्लिम, सिख, ईसाई सबकी ख़ुशी शामिल है। यह सबकी दुआओं का हासिल है और सबके लिए ही गर्व के क़ाबिल है।

जैसे कबीर, ग़ालिब, मीरा, टैगोर अलग-अलग प्रान्तों और भाषाओं के होते हुए पूरे देश की विरासत हैं, उसी तरह क्रिकेट में यह विजय भी धर्म, जाति और प्रान्त से ऊपर है।

शोएब का बयान इस हार-जीत में धर्म की सियासत ही नहीं है, ईश्वर या भगवान के नाम का ग़लत इस्तेमाल भी है।

फ़िल्म चलाने में, मैदानों में हार-जीत पाने में, सड़क बनाने में, महँगाई घटाने में, देश की आबादी बढ़ाने में ख़ुदा का नहीं इन्सान का हाथ होता है।

इन्सान अपनी लगन और परिश्रम से ही ऊँचाई पाता है जिसे देखकर ख़ुदा आसमान में मुस्कुराता है।

मेरी एक ग़ज़ल को जगजीत और चित्रा ने गाया है उसके दो शेर पाकिस्तान के कप्तान के लिए हैं—

*सफ़र में धूप तो होगी जो चल सको तो चलो*
*सभी हैं भीड़ में तुम भी निकल सको तो चलो*

*यहाँ किसी को कोई रास्ता नहीं देता*
*मुझे गिराके अगर तुम सँभल सको तो चलो*

# मदर टेरेसा

ज़ी टीवी पर एक प्रोग्राम आता है सा-रे-गा-मा-प। आज कल यह प्रोग्राम पार्श्व गायक उदित नारायण के बेटे आदित्य नारायण पेश करते हैं। पहले इसको सोनू निगम और बाद में शान एंकर करते थे।

बहुत पहले की बात है, जब इस प्रोग्राम का निर्देशन गजेंद्र सिंह करते थे, उन्होंने इस प्रोग्राम के कुछ एपिसोड, आगरा में ताजमहल के बैक ग्राउंड में शूट किये थे...एक एपिसोड में मुझे 20वीं शताब्दी के किसी महान व्यक्तित्व पर बोलना था—मैंने बोलने के लिए, मदर टेरेसा का चयन किया था।

मैंने इस अवसर पर छोटे से भाषण में मदर टेरेसा पर लिखी अपनी कविता की कुछ पंक्तियाँ भी दोहराई थीं—

*हर धूप में छाँव सी, हर सर पे दुआ सी*
*वह प्यास के मन्दिर में, बरसात की मूरत थी*
*वह भूख की मस्जिद में, रोटी की इबादत थी*
*वह दर्द के गिरजा में, इन्सान की ख़िदमत थी*
*रौशन थी अँधेरों में, वह माँ की निगाहों सी*

शूटिंग के बाद मैं समय बिताने के लिए, ताजमहल के क़रीब बहती हुई यमुना के किनारे टहल रहा था। टहलते हुए अचानक मुझे महसूस हुआ, मैं काफ़ी देर से दो पंक्तियाँ गुनगुना रहा हूँ। ये पंक्तियाँ हिन्दी के महाकवि सूर्यकान्त त्रिपाठी निराला की थीं।

*बाँधो न नाव इस ठाँव बन्धु*
*पूछेगा सारा गाँव बन्धु*

मैंने अपने आपसे सवाल किया—ये दो पंक्तियाँ मैं बार-बार क्यों गुनगुना रहा था? इस प्रश्न का उत्तर सोचा तो मेरे ज़हन में मीर तक़ी मीर का एक शेर झिलमिलाने लगा—

*चलना हो तो चमन को चलिए कहते हैं कि बहाराँ है*
*पात हरे हैं फूल खिले हैं कम कम बादो बाराँ है (हवा-पानी)*

निराला जी का देहान्त 1962 में हुआ था और मीर उनके देहान्त के 240 वर्ष पूर्व यानि 1722 में संसार में आये थे और 1810 में स्वर्गीय हुए। समय के इतने अन्तराल के होते निराला के बाद मुझे फ़ौरन मीर का शेर कैसे याद आ गया, इस गुत्थी को सुलझाने लगा तो कविता से सम्बन्धित कई बातें सामने आयीं।

पहली यह कि कविता विचार नहीं होती...क्योंकि इन दोनों ही कवियों की पंक्तियों में कोई बड़ा विचार निहित नहीं है। दूसरी यह कि इन पंक्तियों में ऐसा क्या है जो आसानी से ये मेरे स्मरण का हिस्सा बन गयीं, इन दोनों तथ्यों की जाँच परख की गयी तो पता लगा...हर छन्द की अपनी एक चलत होती है, इस चलत में शब्दों के चयन और उनकी खपत की अपनी लय होती है, हर शब्द, जो अक्षरों से बनता है, उनकी अपनी ध्वनियाँ भी होती हैं। शब्दों के चयन, शब्दों में शामिल अक्षरों की ध्वनियों और छन्द की चलत जब एक स्वर में बैठ जाते हैं तो छोटा से छोटा विचार भी बड़ी कविता बन जाता है और इस प्रकार जब पंक्तियाँ ढलती हैं तो इसमें यादों में बस जाने की शक्ति आ जाती है। शेर बहुत कहे जाते हैं मगर इनमें कुछ ही शेर श्रोताओं या पाठकों की ज़बान पर चढ़ पाते हैं। ऐसा क्यों?

मीर के ही एक समकालीन सौदा थे, उनकी ग़ज़ल का एक शेर है—

*सौदा जो तेरा हाल है, ऐसा तो नहीं वह*
*क्या जानिए तूने उसे किस आन में देखा*

इस शेर की दूसरी पंक्ति में एक शब्द 'आन' है। आन का अर्थ पल, क्षण या लम्हा है। इस पंक्ति में ये समअर्थ शब्द आसानी से बिठाये जा सकते हैं। क्या जानिए तू ने उसे किस पल में देखा, पल की तरह 'लम्हा'

को भी छन्द में रखा जा सकता है—क्या जानिए तू ने उसे किस लम्हे में देखा, इसी तरह क्षण को भी इस्तेमाल किया जा सकता है, 'क्या जानिए तू ने उसे किस क्षण में देखा', लेकिन इन तीनों शब्दों में समअर्थी होने के बावजूद 'आन' से जो बात शेर में पैदा होती है वह इन शब्दों के उपयोग से नहीं पैदा होती। शब्द 'आन' में 'आ' और 'न' की आवाज़ों से छन्द में जो सौन्दर्य जागता है वह दूसरे शब्दों से नहीं जागता।

अच्छा शेर केवल लिखने में ही नहीं पढ़ने की आसानी से भी अर्थ उत्पन्न करता है...कबीर, तुलसी, तुकाराम, मीर, ग़ालिब, रहीम के दोहे, अभंग या शेर इसीलिए कंठस्थ हो जाते हैं कि उनके शब्द, छन्द के अनुसार मोम की तरह पिघलकर एक विशेष आकार में ढल जाते हैं, जिनमें कोई परिवर्तन सम्भव नहीं होता...

काव्य लेखन में इस तालमेल के लिए कबीरदास अनुभव की शर्त को आवश्यक मानते हैं...उनकी पंक्ति है—अनुभव गावे सो रागी है, यह अनुभव ही है जो शब्दों में गोलाइयाँ पैदा करता है, छन्द में नर्माइयाँ पैदा करता है। सुनने वालों और पढ़ने वालों के स्मरण में अँगनाइयाँ पैदा करता है। वे सारे शेर, दोहे, अभंग या चौपाइयाँ जो मुहावरा बनकर ज़बान पर चढ़ जाते हैं, उनमें यही कलाकारी दिखाई देती है।

हमारे युग में कविता में विचार को ज़रूरी समझा जाता है, मगर जो बात याद रखने की है उसे भुला दिया जाता है और वह यह है कि कविता, विज्ञान, इतिहास, अर्थशास्त्र, मनोविज्ञान या दर्शन से नहीं बनती, कविता स्कूल की टीचर या कॉलेज का अध्यापक नहीं होती—वह पाठकों या श्रोताओं को स्टूडेंट्स की तरह कुछ सिखाती नहीं...वह तो केवल उस विस्मय को दर्शाती है जो बच्चों की आँखों में नज़र आता है, उस आनन्द को जगाती है जो मुस्कुराते फूलों को देखकर मन में जगमगाता है, मानव के अन्दर छिपी उस इन्सानियत को गुदगदाती है जो संसार को जीने के योग्य बनाती है...दूसरे शब्दों में यूँ कहा जा सकता है कि कविता देखे हुए को नहीं दिखाती, देखे हुए में जो अनदेखा होता है उसे दर्शाती है।

आधुनिक युग में, छन्द से दूरी, शब्दों की लयकारी को न पहचानने की मजबूरी और दूसरों को सिखाने या समझाने की मज़दूरी ने कविता को पूरी से अधूरी बना दिया है। आधुनिक कविता विशेषकर छन्दमुक्त, को पढ़ने या सुनने के बाद, कविता का केवल भाव ज़ेहन में रहता है, उसकी पंक्तियाँ याद नहीं रहतीं...12वीं सदी के बाबा फ़रीद का दोहा अब तक लोगों की ज़बान पर है।

*कागा सब तन खाइयो, चुन-चुन खइयो मास*
*दो नैना मत खाइयो, पिया मिलन की आस*

बीसवीं शताब्दी के रघुपति सहाय फ़िराक़ का शेर जिस पर आचार्य रजनीश का एक पूरा डिसकोर्स है, वह यूँ है—

*मुद्दतें गुज़रीं तेरी याद भी आयी न हमें*
*और हम भूल गये हों, तुझे ऐसा भी नहीं*

इन शेरों और दोहों के याद करने के पीछे वही चमत्कार काम कर रहा होता है जो एक पंक्ति में यूँ कहा जा सकता है...'बात जो दिल से निकलती है असर रखती है।'

# इशरत आफ़रीन

इशरत आफ़रीन बँटी हुई सरहदों में एक जुड़ी हुई शख़्सियत का नाम है। बँटवारों की दुनिया में यह जुड़ाव ही उनकी क़लम की पहचान है। यूँ तो वो पाकिस्तान की नयी शाइरा हैं, लेकिन अपनी सोच और उसके इज़हार के तरीक़ों में वह देस-परदेस की ख़ेमाबन्दियों से आज़ाद है। इस लिहाज से वो न पाकिस्तानी हैं, न हिन्दुस्तानी हैं सिर्फ़ इन्सानी हैं, पाकिस्तान के शहर में पैदा हुईं, हिन्दुस्तान में शादी की और आजतक अमेरिका में टक्सास यूनिवर्सिटी में उर्दू की प्रोफ़ेसर हैं। उनका तअल्लुक पाकिस्तान की शाइरात की उस रिवायत से है, जो अदा जाफ़री के कलाम से गुज़रकर फ़हमीदा रियाज़ के आँगन में आती है और फिर वहाँ से इशरत की नज़्मों और ग़ज़लों में खिलखिलाती है।

मुल्की तक़्सीम ने मज़हब की बुनियादों पर जिस तरह इतिहास की फ़ितरी रफ़्तार को रोकने की सियासत अपनायी थी, उसका दर्द इशरत के बुज़ुर्गों का अजाव था, लेकिन उनके छोड़े हुए वो सारे दरख़्त, परिन्दे, मुहल्ले, आँगन, इमामबाड़े, खुशी के जलसे, ग़मों की मजलिसें उनकी बेटी ने उन्हें अपनी विरासत में शामिल कर लिया है। इशरत ने इस विरासत को ज़मीन की तरह तक्सीम नहीं होने दिया। और यही जुड़ी हुई विरासत का शऊर इशरत की नज़्मों और ग़ज़लों का वो चेहरा है, जो भीड़ में अलग से पहचान में आता है।

इशरत आफ़रीन की एक पहचान वह भी है कि वो आज़ादी के बाद आबादियों के इधर से उधर और उधर से इधर होने की जानवरीयत पर आँखें नहीं भिगोती, सियासत के बदनुमा चेहरे को मुहब्बत की उँगलियों से सजाती हैं

और इस तरह 50,000 वर्षों की तारीख़ से निकाले हुए वक़्त के एक बड़े हिस्से को दोबारा, अपनी मीरास में शामिल करने का हौसला दिखाती हैं। इशरत से पहले यह हौसला कुर्रतुल एन हैदर के उपन्यास 'आग का दरिया' में भी देखा जा सकता है। इशरत की शाइरी जागी हुई, होश की आवाज़ है। यह औरत अपने मिज़ाज और अन्दाज़ में उसी औरत के तसलसुल है, जो आज़ादी की लड़ाई में अपनी आज़ादी का ख़्वाब भी देख रही थी और जो कई नामों से ज़िन्दगी की मुख़्तलिफ़ राहों में बेगम अख़्तर, डाक्टर रशीद जहाँ, सरोजिनी नायडू, कमला दास, अमृता शेरगिल, इस्मत चुग़तांई जैसे कई नामों से जानी-पहचानी जाती थी। औरत का यह रूप किसी फ़ैशन का पोस्टर नहीं है। इसको फ्रांस से इम्पोर्ट नहीं किया गया—इसे हमारे समाज और हालात ने बना दिया है।

इशरत की शाइरी में जो औरत चलती-फिरती, हँसती-रोती नज़र आती है वो माँ भी है, बीवी भी है, और इसके साथ कई समाजी सरोकारों से वाबिस्ता भी है। उसे कहीं बाहर से इम्पोर्ट नहीं किया गया, उसे जन्म दिया है उसके हालातों ने।...

□□